Écosystème communautaire

Points de vue
Collection dirigée par Denis Pryen

Dernières parutions

Elie OUEIFIO, *Pour la République centrafricaine. Le désarmement des cœurs et des esprits, une solution efficace aux crises centrafricaines*, 2023.
David NOGA, *Penser autrement l'économie africaine*, 2023.
Issa CISSÉ, *Sénégal : La lente maturation démocratique. De Mamadou Dia à Ousmane Sonko*, 2023.
Réjean COTE, *L'Afrique verte et les industries extractives*, 2023.
Maidé HAMIT LONY, *La décentralisation au tchad. Une dynamique normative à l'épreuve des réalités pratiques*, 2023.
Abdourahman BARKAT GOD, *Le portrait du nouvel être. Réflexion sur l'Homme dans le contexte djiboutien*, 2023.
Serge Eric MENYE, *L'Afrique face au cynisme climatique*, 2023.
Alpha Oumar Telli DIALLO, *La Guinée-Conakry de janvier 2011 à décembre 2015. Le premier quinquennat de M. PPAC aux commandes du pays*, 2023.
Mamadou Dian DIALLO, *Résoudre la crise politique en Guinée*, 2023.
Sisi KAYAN, *L'Afrique n'a pas besoin d'aide, La communication au service d'une Afrique debout*, 2023.
Birama DIOP, *Ousmane Sonko. Le génie politique*, 2023.
Tongele N. TONGELE, *Pour la renaissance de la RD Congo. Des idées pour bâtir l'avenir*, 2023.
Patience KABAMBA, *En finir avec la crise multiforme en RD Congo ? (Approche dialectique)*, 2023.
Wuldath MAMA, *Abolition du Franc CFA. La renaissance du panafricanisme*, 2023.
Albert PAHIMI PADACKÉ, *L'Afrique empoisonnée, Pathologie et thérapie des conflits*, 2023.

Martin AYEBE

Écosystème communautaire

Un traité sur la résilience nationale

Préface de Camille Moutè à Bidias

L'Harmattan

Du même auteur :

Alerte à Bidorno, Edilivre
Le dernier coup de pinceau, Roch'Art édition

5-7, rue de l'École polytechnique, 75005 Paris

www.harmattan.fr

ISBN : 978-2-336-50956-3
EAN : 9782336509563

Dédicace

À feu **Jean Pierre Kedi**
Pour son inspiration et son soutien indéfectible

Avant-propos

Dans les pages qui suivent, je vous convie à un voyage introspectif empreint d'optimisme et d'empowerment. Ce livre se veut le reflet d'une conviction profonde : chacun de nous détient le pouvoir d'initier un changement positif, tant pour soi que pour la collectivité.

Il est essentiel de souligner que ma démarche n'a nullement pour intention de justifier les inerties gouvernementales ni de se positionner comme un outil politique. Au contraire, j'aspire à mettre en lumière le potentiel individuel et collectif, indépendamment des contingences politiques.

En embrassant une vision constructive et proactive, je crois fermement en l'impact transformateur de chaque geste posé dans une optique d'amélioration continue. Puisez dans ces lignes l'inspiration nécessaire pour incarner le changement que vous souhaitez voir dans votre communauté.

Votre implication personnelle est une pierre angulaire pour édifier un avenir plus radieux pour tous. Merci d'être le maître de votre destin et l'architecte de notre avenir commun.

Préface

Le Cameroun, comme de nombreux pays africains, fait face à des défis majeurs en matière de développement communautaire et de création d'emplois. Dans un contexte où la décentralisation est de plus en plus mise en avant, il devient urgent de réfléchir à des solutions locales, adaptées aux réalités de nos communautés. Le développement ne peut plus être perçu comme une initiative centralisée, mais doit prendre racine au sein même des communautés locales, avec une forte implication des jeunes, des responsables municipaux et des acteurs économiques.

Écosystème Communautaire: Un traité sur la résilience nationale, écrit par Martin Ayebe, s'inscrit parfaitement dans cette réflexion. Cet ouvrage met en lumière des stratégies concrètes pour relever les défis du chômage des jeunes, de l'autonomisation et de la création de richesses locales, en s'appuyant sur une approche communautaire. À une époque où le chômage des jeunes est préoccupant, il est essentiel d'adopter une vision claire et structurée afin de donner à ces jeunes les moyens de s'impliquer activement dans le développement de leurs communautés.

L'une des forces de cet ouvrage réside dans sa capacité à proposer des initiatives locales comme moteur de ce développement. Parmi celles-ci, l'auteur présente des projets tels que les plantations communales et d'autres initiatives à haute intensité de main-d'œuvre, qui permettent de créer des emplois tout en favorisant l'autosuffisance des municipalités. Ces initiatives, si elles sont mises en œuvre de manière concertée, pourraient transformer les communautés rurales et urbaines, en créant des emplois durables et en luttant efficacement contre le chômage.

Le rôle des jeunes est ici primordial. Martin Ayebe insiste sur la responsabilisation des jeunes et leur place centrale dans le développement de leurs communautés. En tant que partie majoritaire de la population, ces jeunes doivent être au cœur des stratégies de développement. Ils possèdent l'énergie, la créativité et la capacité d'innovation nécessaires pour impulser le changement. Mais pour cela, ils ont besoin de soutien. Ce livre propose des solutions concrètes pour les accompagner, en particulier à travers des partenariats avec les municipalités et les institutions locales.

L'approche novatrice de cet ouvrage repose également sur une vision à long terme de l'emploi. Il ne s'agit pas simplement de créer des emplois pour réduire les chiffres du chômage, mais de faire de la création d'emplois décents le pilier de toute stratégie de développement. Ce concept, que j'ai abordé dans mon propre ouvrage « Le chômage en Afrique au sud du Sahara que faire ? », est ici renforcé et adapté aux réalités communautaires camerounaises. Martin Ayebe nous invite comme je l'avais déjà préconisé, à inverser le paradigme croissance/emploi, par emploi/croissance et repenser ainsi notre conception de la croissance en plaçant l'emploi au cœur de nos priorités, comme moteur de transformation sociale et économique.

Ce livre n'est pas seulement une réflexion théorique c'est un outil pratique pour les décideurs, les municipalités, et surtout pour les jeunes. II propose des pistes d'action claires, basées sur des exemples concrets, et appelle à une mobilisation collective pour bâtir un écosystème communautaire résilient. Ce traité est un guide pour tous ceux qui souhaitent s'engager activement dans le développement de leurs communautés et faire face aux défis de la décentralisation.

Je recommande vivement cet ouvrage à tous ceux qui cherchent des solutions pour transformer le Cameroun et, plus largement, l'Afrique, en s'appuyant sur les forces de ses jeunes et sur les initiatives locales. Les propositions qui y sont développées ont le mérite de renforcer non seulement l'économie locale, mais aussi la cohésion sociale et la stabilité de nos régions.

Que ce livre inspire et motive chacun à participer activement à la construction de communautés prospères, résilientes et autonomes.

M. Camille **Moutè à Bidias.** Directeur Général du Fonds National de l'Emploi (FNE) Yaoundé, le 02 octobre 2024.

Remerciements

Je tiens à exprimer ma profonde gratitude à toutes les personnes qui ont contribué à la réalisation de cet ouvrage.

En premier lieu, un remerciement tout particulier va à **Lydie Ntang, ma mère**, véritable source de force et de résilience. Après la disparition prématurée de notre père, elle a su se battre pour nous offrir une éducation, convaincue que celle-ci est le seul moyen de construire un avenir solide. Malgré les pressions de ceux qui pensaient qu'un apprentissage technique était suffisant, elle a cru en nous et en la portée de l'éducation, et c'est ce combat qu'elle a mené sans relâche, un combat qui résonne profondément dans les pages de ce livre.

Je remercie ensuite M. **Moutè à Bidias Camille**, Directeur Général du Fonds National de l'Emploi (FNE) du Cameroun, pour avoir accepté d'écrire la préface de cet ouvrage. Son soutien et son engagement en faveur de l'autonomisation des jeunes et du développement communautaire ont été essentiels pour la réflexion menée dans ce livre. Son expertise et sa vision claire du développement ont grandement enrichi ce projet.

Un remerciement spécial est également adressé à **Serge Éric Bontsebe**, **mon grand frère**, dont le soutien indéfectible et les encouragements constants ont été une véritable source d'inspiration tout au long de ce projet. Sa présence bienveillante et ses conseils m'ont souvent rappelé l'importance des liens familiaux dans les grandes réalisations.

Enfin, je rends hommage à l'ex-Directeur Général de l'Agence de Régulation du Secteur de l'Électricité (ARSEL), **Jean Pierre Kedi, mon mentor**, qui nous a quittés trop tôt. J'ai eu le privilège de collaborer avec lui au sein de l'entreprise Infrascom, où nous avons proposé des solutions innovantes pour accompagner les mairies dans la gestion de leurs projets. Dans ce cadre, j'ai occupé les fonctions de Responsable des systèmes d'informations et de Consultant junior, sous sa guidance précieuse. Sa capacité à inspirer, à innover et à croire en la valeur du développement communautaire a marqué mon parcours et influencé les réflexions qui ont donné naissance à cet ouvrage. Son héritage demeure une source d'inspiration inestimable.

À toutes ces personnes, et à celles qui ont cru en ce projet, ma famille, mes amis, en particulier celles qui ont partagé avec moi leurs encouragements au quotidien, je tiens à dire un grand merci. Leur soutien et leurs encouragements ont été le moteur de cette aventure.

Sommaire

Liste des abréviations

APE : Association des Parents d'Elèves
APME : Agence de Promotion des Petites et Moyennes Entreprise
CADCE : Coopérative Avicole de Développement des Compétences Entrepreneuriales
CEPROVA : Centre de Promotion des Valeurs Africaines
CFCE : Centre de Formalité et de Création d'Entreprise
CMA : Centre Médical d'Arrondissement
CSU : Couverture Santé Universelle
CTD : Communauté Térritoriales Décentralisées
DSCE : Document de Stratégie pour la Croissance et l'Emploi
FNE : Fond National de l'Emploi
FONIJ : Fond National d'Insertion des Jeunes
Minpmeesa : Ministère des petites et moyennes entreprises de, l'Economie sociale et Artisanale
ODD : Objectif de Developpement Durable
OMS : Organisation Mondiale de la Santé
ONG : Organisation Non Gouvernementale
OTS : On a Trop Supporté
PDCE : Projet de Développement des Compétences pour l'Employabilité
PNPE : Pépinière Nationale Pilote d'Entreprises d'Édea
POESAM : Prix Orange de l'Entrepreneur Social en Afrique et au Moyen-orient
PTS-Jeune : Plan Triennal Spécial Jeune
TEF Connect: Tony Elumelu Foundation Connection
SDF : Sans Domicile Fixe
SMIC : Salaire Minimum Interprofessionnel de Croissance
SPE : Services publics à l'Emploi

Introduction

Avec une population majoritairement jeune en Afrique, le défi du chômage est pressant, nécessitant une réflexion sur l'entrepreneuriat comme solution incontournable. Toutefois, les coûts élevés de la formation pour ces jeunes posent problème, soulignant l'importance de repenser les systèmes établis. Les municipalités, plus proches des populations, doivent innover en offrant des formations et des emplois adaptés. En développant des compétences solides et en s'épanouissant professionnellement, ces jeunes deviennent des acteurs clés pour mener le pays vers l'émergence, en faisant de ce concept une réalité tangible. Pour que cette dynamique soit rapide et durable, il est crucial de changer les mentalités. Les médias jouent alors un rôle essentiel en impulsant une pensée constructive et en favorisant un dialogue positif. Plutôt que de critiquer les médias occidentaux qui influencent la jeunesse africaine, les médias locaux peuvent devenir des moteurs de changement en valorisant les aspirations des jeunes et en préservant les valeurs culturelles. Ils ont le pouvoir d'initier un mouvement vers un avenir meilleur, contrecarrant ainsi les influences externes.

Partie 1. De l'implication de la jeunesse dans le processus de décentralisation

Chapitre premier. De la haute intensité de la main d'œuvre

1. Le défi de l'insertion des jeunes dans les communautés

Lorsque l'on regarde la jeunesse dans nos sociétés, il est frappant de constater que ceux qui sont scolarisés, formés ou déjà employés ont généralement peu de chances de sombrer dans des activités criminelles. Pourquoi ? Parce qu'ils ont quelque chose à perdre : leur avenir. Mais qu'en est-il de ceux qui n'ont pas eu cette chance ? Ceux qui, pour une raison ou une autre, n'ont pas pu aller à l'école ou suivre une formation professionnelle. Ces jeunes-là, laissés pour compte, ont-ils vraiment quelque chose à perdre ?

Ils n'ont pas de toit à perdre car ils vivent souvent dans des conditions précaires, voire dans la rue. Ils n'ont pas non plus d'avenir clairement tracé, car ils se sentent déjà exclus de la société. Pour eux, l'avenir semble bouché, et ils n'imaginent pas de porte de sortie. Dans ce contexte de désespoir, certains d'entre eux se tournent vers des solutions désespérées : rackets, agressions, prostitution, consommation de drogues ou encore participation à des réseaux criminels. Après tout, quand on n'a plus rien à perdre, tout peut sembler permis.

Face à cette réalité, il devient crucial de comprendre cette situation et d'y apporter des réponses concrètes. Ces jeunes ont besoin de retrouver un espoir, de voir un futur possible se dessiner devant eux. Mais comment leur offrir cette chance dans un contexte africain marqué par le chômage et le manque d'opportunités ?

La solution que je propose repose sur une idée simple mais puissante : l'optimisation des projets à hautes intensités de main d'œuvre. Je propose particulièrement **les plantations communales**.

2. Les plantations communales : Une solution novatrice

Face à la question pressante de l'insertion professionnelle des jeunes exclus du système éducatif et de formation, les plantations communales se présentent comme une réponse novatrice et prometteuse. Ces initiatives permettent de donner à ces jeunes une opportunité de travail et de formation. En échange d'un travail agricole, ils pourraient se "racheter" un avenir, un projet de vie. Les municipalités pourraient ainsi "vendre" cet avenir à travers des projets autofinancés, tout en bénéficiant d'une main-d'œuvre abondante et prête à s'investir.

Mieux encore, ces initiatives représentent bien plus qu'une simple opportunité de travail agricole : elles sont un véritable produit de base à vendre aux jeunes en quête d'un avenir meilleur. Dans une Afrique riche en terres fertiles mais confrontée à la sous-alimentation, les plantations communales offrent un terrain propice à la socialisation, à l'autonomisation et à l'émergence d'une espérance collective pour un avenir plus radieux.

3. Modèles de financement pour les plantations communales

Mais d'où viendront les fonds pour financer ces plantations communales ? Tout d'abord explorons les méthodes couramment utilisées par les municipalités pour faire face à l'épineux problème du financement. Selon les projets en vue, les municipalités explorent généralement plusieurs options de financement que nous allons parcourir dans les lignes suivantes :

Partenariats public-privé[1]

Ici, les municipalités établissent des partenariats avec des entreprises locales ou non. Ces entreprises peuvent contribuer financièrement à des projets locaux sous forme de crédit, de dons.

Subventions et financements externes

Ici les municipalités recherchent des subventions gouvernementales ou des financements provenant d'organismes philanthropiques, d'ONG ou d'autres institutions intéressées à résoudre les mêmes problématiques qu'elle au sein de sa communauté. Bien évidement, au vu de la gestion frauduleuse de ces fonds par beaucoup de mairies[2], ces institutions peuvent de plus en plus de montrer réticentes à apporter leurs appuis.

La participation citoyenne[3]

Il est courant que les municipalités sollicitent des élites locales et parfois même les populations pour financer des projets communautaires. Ce dernier cas s'observe davantage dans les mairies qui ont adopté le budget participatif. Il peut s'agir de la construction d'un forage, d'une salle de classe, d'une bibliothèque municipale.

---

[1] BOOK NYOBE. (2021). << Les modes de financement dans les communes camerounaises : une analyse théorique du système comptable et financier à travers l'approche des conventions. >> , Revue internationale des Sciences de Gestion << Volume 4 : Numéro 1 >> pp. 481-505.

[2] LISSOUCK. E. & ABOMO NGA. C.M.C. (2024). << Collusion frauduleuse dans les collectivités territoriales décentralisés >>, Revue Internationale du chercheur << Volume 5 : Numéro 2 >> pp. 1283-1303.

[3] Issa, D. (2021). Budget participatif et mobilisation des ressources financières locales au Cameroun : une analyse à partir de la commune de Yaoundé 6 et de la commune de Tchatibali. Revue internationale de droit et de science-politique. 1(1), 339-357. https://nbn-resolving.org/urn:nbn:de:0168-ssoar-94364-2

Utilisation efficace des ressources existantes

Ici les municipalités réaffectent une partie de leur budget existant pour soutenir ces initiatives, en mettant l'accent sur l'importance à long terme de l'investissement dans la jeunesse et le développement communautaire. Malheureusement on alloue difficilement des ressources sur le très long terme. Au vu du fait que ces ressources ne sont jamais suffisantes pour couvrir les besoins immédiats.

Généralement en combinant ces approches, les municipalités font de leur mieux pour résoudre les problèmes auxquels ils sont confrontés. Seulement dans une partie du monde où les jeunes représentent la plus grande partie de la population, il peut être difficile d'identifier les priorités lorsque les fonds sont partagés entre pallier la sécurité alimentaire, résoudre des problèmes urgent de santé, assurer même minimalement l'éducation, la formation et l'emploi de ceux-ci. L'on peut donc comprendre, sans le justifier, que des laissés pour compte existent et sont nombreux. D'où l'idée d'explorer d'autres solutions novatrices, adaptées à ce contexte spécifique. Notamment la création de projets autofinancés. Avec ceux-ci, les municipalités pourraient envisager la mise en place de projets à haute intensité de main-d'œuvre qui génèrent des revenus suffisants pour couvrir les coûts de rémunération des jeunes employés, tout en contribuant au développement économique local. Comme les plantations communales. Elles offrent une solution durable et pragmatique à plusieurs niveaux. D'une part, ces projets offrent aux jeunes des emplois, leur donnant ainsi un but et une motivation. D'autre part, elles génèrent des revenus pour les municipalités grâce à la vente des produits agricoles (fruits, céréales, légumes, etc.). Ces revenus peuvent ensuite être réinjectés dans d'autres projets communautaires ou dans le financement de programmes pour les jeunes.

4. Les bénéfices sociaux et économiques des projets communautaires

En plus d'être une réponse économique, ces projets à haute intensité de main-d'œuvre ont également un fort potentiel social. Ils rassemblent les jeunes autour d'un projet commun, favorisant ainsi la socialisation et l'émergence d'un esprit de solidarité. Ces jeunes, issus de divers horizons, partagent leurs expériences, échangent sur leurs rêves, et créent des liens durables, tout en contribuant à la prospérité locale. Voyons dans la suite les atouts de ce concept pour un développement communautaire inclusif.

5. Les plantations communales comme une solution pour créer des emplois dans divers secteurs.

Les projets à haute intensité de main-d'œuvre, tels que les plantations communales, offrent aux municipalités des possibilités de génération de revenus tout en fournissant des opportunités d'emploi significatives aux jeunes. Tout d'abord, ces projets peuvent être conçus de manière à intégrer des composantes commerciales, telles que la production de fruits, de céréales, de légumes ou d'autres produits issus des plantations. Les municipalités peuvent ensuite commercialiser ces produits localement, générant ainsi des revenus qui peuvent être réinvestis dans d'autres initiatives communautaires ou dans le financement des programmes d'emploi des jeunes.

De plus, les projets à haute intensité de main-d'œuvre offrent la possibilité d'engager les jeunes participants dans des activités génératrices de revenus au sein de la communauté. Par exemple, les jeunes pourraient être impliqués dans la vente directe des produits récoltés ou dans la création d'entreprises sociales liées aux activités environnementales, offrant ainsi des opportunités entrepreneuriales tout en contribuant à la prospérité économique locale. Mieux encore ces jeunes pourraient être impliqués dans la transformation de ces produits, quitte à faire intervenir des ressortissants de la municipalité qui évoluent outre-mer et qui maitrisent ces procédés. Ce qui favoriserait un transfert de compétence sans se soucier du financement. Les fonds générés pourraient également être utilisés pour créer un prix local récompensant les jeunes ayant brillamment achevé une formation liée à leur projet. Non loin de vouloir se substituer à l'Etat qui peut offrir une centaine de gagnants à ce prix dans la même année, si chaque municipalité s'offre ne serait-ce qu'un modeste heureux élu par année, ceci constituerait certainement une véritable chasse à l'innovation sur le plan national. Heureux élus ou pas, tous les jeunes vivant dans la municipalité, se sentiront plus concernés par l'initiative et évolueront dans cet esprit de compétition. Ils seront mieux préparés à affronter des défis encore plus grands sur le plan régional, national et même international. Il me semble important de souligner cela car je suis certain que beaucoup de jeunes sont pris aux pièges des besoins élémentaires dans leurs municipalités. De ce fait, ils ne se sentent généralement pas concernés lorsqu'il y a un appel à projet national. C'est l'affaire des autres.

En somme, les projets à haute intensité de main-d'œuvre offrent aux municipalités une diversité de moyens par lesquels elles peuvent contribuer à la génération de revenus tout en offrant des opportunités d'emploi aux jeunes. En intégrant une perspective économique à ces initiatives, les municipalités peuvent non seulement soutenir financièrement leurs programmes d'emploi des jeunes, mais aussi favoriser le développement économique local et l'autonomisation des jeunes participants.

6. Les plantations communales comme un lieu de stage auto-rémunérateur pour les jeunes scolarisés de la communauté.

L'emploi des jeunes pendant les vacances scolaires offre une opportunité précieuse pour les municipalités de dynamiser leur communauté tout en offrant des perspectives positives aux jeunes. En engageant ces jeunes dans des projets locaux, les municipalités peuvent non seulement prévenir l'oisiveté pendant les périodes de vacances, mais aussi encourager le développement de compétences professionnelles et personnelles chez ces jeunes. De plus, cette initiative favorise la création d'un sentiment d'appartenance à la communauté et renforce la cohésion sociale, car les jeunes contribuent activement à l'amélioration de leur environnement local. En outre, l'emploi temporaire pendant les vacances permet aux jeunes d'acquérir une expérience pratique qui peut être valorisée dans leur future vie professionnelle, tout en renforçant leur confiance en eux et en leurs capacités. Cette approche proactive de l'emploi des jeunes contribue à forger une génération plus engagée, compétente et investie dans l'avenir de sa communauté. Bien que conscient de cette réalité, de plus en plus de mairie ne recrutent pas suffisamment de jeunes stagiaires ou pas du tout. La raison reste l'épineux problème du financement. La réponse à cette question pourrait donc être les plantations communales qui ont cette capacité de s'autofinancer. En image, c'est comme si le temps s'arrêtait dans ces vastes champs d'arachide pendant la récolte. Les jeunes se rassemblent en groupes, chacun dédié à une tâche spécifique. Certains transportent les sacs lourds remplis de précieuses récoltes, d'autres arrachent avec détermination les plantes mûres, tandis que certains cueillent avec délicatesse les fruits de leur dur labeur. Dans cette symphonie de mouvements coordonnés, de rires et de conversations animées, émerge un sentiment d'unité et de solidarité.

Originaires de divers horizons, ces jeunes partagent bien plus que des responsabilités agricoles. Au détour d'une rangée de plantes, ils échangent sur leurs histoires personnelles, leurs aspirations et leurs rêves les plus fous. Les souvenirs se tissent comme les fils d'une toile tissée par l'amitié et la camaraderie. C'est dans ces moments simples et authentiques que se forgent des liens indéfectibles, que naissent des souvenirs impérissables.

C'est dans cette ambiance empreinte de fraternité et de chaleur que les jeunes apprennent non seulement les rouages de l'agriculture, mais aussi les valeurs essentielles de partage, d'entraide et de solidarité. Ces moments passés ensemble dans les champs résonnent comme une ode à la simplicité et à la beauté des traditions villageoises, rappelant à chacun l'importance de préserver ces instants précieux.

C'est ainsi que les plantations communales deviennent bien plus qu'un simple lieu de stage rémunérateur pour les jeunes ; ce sont des lieux où se tissent des liens indélébiles, où se cultivent des valeurs intemporelles et où s'écrivent les plus belles pages de l'histoire communautaire.

Face aux défis que rencontrent souvent les municipalités pour offrir des stages de vacances aux jeunes scolarisés, les plantations communales représentent donc une aubaine. Elles permettent d'offrir aux jeunes à la fois un stage rémunérateur et ludique. Mais aussi d'aider les parents à préparer la rentrée de leurs enfants.

7. Les plantations communales comme une source d'attractivité touristique.

Les projets à haute intensité de mains d'œuvres tels que les plantations communales peuvent également être conçus pour favoriser le développement du tourisme local en créant des espaces verts attractifs et en proposant des activités éducatives et récréatives pour les visiteurs. Une grande récolte originale ? Une fête des récoltes ? Des ventes groupées avec des stratégies innovantes et savamment bien pensé pour séduire des revendeurs de la sous-région ? Un barbecue géant ? Une foire ? Cette approche peut stimuler l'économie locale en attirant davantage de visiteurs et en créant des opportunités d'emploi dans le secteur du tourisme pour les jeunes de la communauté. On parle d'une approche tout en un. Par exemple la promotion des produits issus de ces plantations dans les restaurants et les marchés locaux pourrait attirer l'attention des visiteurs en quête d'expérience authentique.

On pourrait aller plus loin en créant des expériences de tourisme immersive. Ici il serait question de créer des programmes spéciaux qui permettraient aux touristes de participer à des activités agricoles, comme la plantation, les récoltes ou la transformation des produits locaux. Je vois bien une entreprise en train de s'organiser un brainstorming dans une grande récolte d'arachide, un autre groupe de tourisme en train de s'immerger dans une ''casse[1]'' de cacao ou encore la création d'un champ de taro dans le pays Yambassa. D'expérience personnelle je conseillerais à tout le monde de vivre ne serait-ce qu'une seule fois cette expérience dans la vie. Monter un champ de taro est tout un art. Tout commence devant une parcelle de terre qui n'a été ni défriché ni brûler. Après une transformation artistique en quelques minutes, voilà un carré qui a vu le jour. Il ne reste plus qu'à l'artiste de recouvrir ce carré de façon à ce que l'on ne voit plus la moindre herbe. La conséquence se voit dans les jours à venir. Quel que soit ce qui est planté sur cette parcelle de terre, la beauté avec laquelle elle bourgeonne est sans pareil. Taro, manioc, igname et même arachide.

Toujours pour rendre la municipalité attractive d'un point de vu touristique, on pourrait créer des circuits touristiques thématiques qui mettent en valeur le processus de production locale, de la plantation à la table, en incluant les arrêts chez les agriculteurs locaux et des dégustations des produits frais. On pourrait aussi envisager des ateliers interactifs. En proposant par exemple des ateliers de cuisine, d'artisanat ou de jardinage pour permettre aux visiteurs de participer activement à la vie communautaire et d'apprendre les traditions locales. Offrir aussi la possibilité aux participants d'acheter des produits locaux artisanaux.

Enfin et de façon indirecte, on pourrait intégrer l'art et la culture dans le paysage agricole en installant des sculptures, des peintures murales ou d'autres formes d'art qui racontent l'histoire et les valeurs de la communauté locale.

Alors qu'il devient crucial de diversifier les revenus des municapiltés à l'ère de la décentralication, les plantations communales offrent aux municipalités l'opportunité de rendre leur destination touristique et très attractive.

8. Les plantations communales comme un lien renforçant l'engagement communautaire.

Les projets à haute intensité de main-d'œuvre, tels que les plantations communales, offrent en plus aux municipalités une gamme d'opportunités significatives. Tout d'abord, ces projets permettent de

---

[1] En reference à la récolte de cacao où l'on casse les cabosses pour extraire des fèves de cacao.

répondre à des besoins concrets au sein de la communauté, tels que la revitalisation d'espaces verts, la reforestation ou la création de jardins communautaires. En engageant les jeunes dans ces projets, les municipalités peuvent non seulement améliorer l'environnement local, mais aussi renforcer le sentiment de responsabilité environnementale et de fierté communautaire chez les jeunes participants.

De plus, ces projets offrent l'occasion d'enseigner des compétences pratiques aux jeunes, qu'il s'agisse de techniques de plantation, de gestion des espaces verts ou de sensibilisation à l'importance de la durabilité environnementale. Ces compétences peuvent être précieuses pour les jeunes participants dans leur future vie professionnelle, tout en favorisant une culture de respect et de préservation de l'environnement au sein de la communauté.

En outre, les plantations communales et autres projets similaires peuvent contribuer à renforcer les liens sociaux au sein de la communauté en encourageant la participation citoyenne et en offrant des espaces de rencontre et d'échange entre les habitants. Ces projets favorisent ainsi la création d'un tissu social solide et la promotion d'une culture collaborative au sein de la municipalité.

Ainsi donc, en plus des avantages économiques vue précédemment, ce projet à haute intensité de main-d'œuvre offre aux municipalités l'opportunité non seulement d'améliorer leur environnement local, mais aussi d'investir dans le développement personnel et communautaire des jeunes participants, tout en renforçant le lien social au sein de la communauté.

9. Les plantations communales comme un premier pas vers l'industrialisation de l'agriculture.

Les plantations communales peuvent servir de premier pas vers l'industrialisation de l'agriculture en permettant une gestion collective des terres et des ressources. En regroupant les petits exploitants au sein de ces plantations, on peut optimiser les processus de production, bénéficier d'économies d'échelle et accéder à des technologies agricoles modernes. Cette approche collaborative favorise la spécialisation des tâches, l'utilisation efficiente des équipements et la mise en place de bonnes pratiques agricoles.

En outre, en centralisant la production agricole au sein des plantations communales, il est possible de développer des filières agricoles plus structurées et compétitives sur le marché. Cela peut conduire à une augmentation de la productivité, à une meilleure qualité des produits et à une plus grande diversification des cultures, répondant ainsi aux besoins croissants du secteur agroalimentaire. Mieux encore cela peut conduire à la création d'usine favorisant la transformation locale pour lutter contre le gaspillage post-récolte. C'est le cas lorsque l'on voit sa récolte se détériorer parce que l'on attend que la route soit praticable pour conduire son plantain, sa tomate dans les marchés les plus proches.

Enfin, l'industrialisation de l'agriculture à travers les plantations communales peut contribuer à la création d'emplois formels, à la professionnalisation du secteur agricole et à l'amélioration des conditions de travail des agriculteurs. Cela ouvre également la voie à l'intégration de chaînes de valeur plus complexes et à l'exportation des produits agricoles locaux vers d'autres marchés, renforçant ainsi la position économique des communautés rurales.

En somme, les plantations communales représentent un levier essentiel pour moderniser et industrialiser l'agriculture, offrant ainsi des perspectives prometteuses pour le développement durable des zones rurales.

10. Les plantations communales comme un écosystème d'accueil, de bien-être, d'épanouissement et d'opportunités pour la jeunesse en quête de sécurité.

Avec la mise en place de plantations communales, les jeunes se verront offrir de nouvelles opportunités qui les éloigneront de l'oisiveté. Ces espaces deviendront non seulement des lieux de travail et d'apprentissage, mais aussi des environnements propices à la socialisation. La cohabitation avec d'autres jeunes engagés dans ces initiatives favorisera les échanges, le partage d'expériences et la création de liens solides au sein de la communauté.

De plus, pour ceux qui se trouvent sans abri, les habitations construites au sein des plantations joueront un rôle essentiel. Ces structures serviront non seulement de magasin pour les besoins quotidiens, de cantine pendant les heures de travail, d'abri lors des pauses et des intempéries, mais également de dortoir pour ceux qui assurent une permanence sur le site. Ainsi, ces jeunes auront accès à un logement sûr et fonctionnel qui contribuera à leur bien-être et à leur sécurité.

Enfin, l'aspect ludique ne sera pas en reste. La possibilité d'aménager des aires de jeux, qu'il s'agisse de terrains traditionnels ou d'espaces dédiés aux jeux de société comme le Ludo ou le Damier, ainsi que la présence d'un téléviseur pour des moments de détente, offriront aux jeunes travailleurs un espace de divertissement bienvenu. Ces activités récréatives contribueront à renforcer l'esprit d'équipe, la cohésion sociale et le bien-être général au sein des plantations communales.

Cette vision globale illustre comment les plantations communales peut véritablement transformer la vie des jeunes en leur offrant bien plus qu'un simple emploi agricole. Elles constituent une véritable communauté où le travail, l'apprentissage, la solidarité et le divertissement se conjuguent pour créer un environnement épanouissant et stimulant pour tous ceux qui y participent.

En conclusion, les projets à haute intensité de main-d'œuvre, tels que les plantations communales, offrent aux municipalités une multitude d'opportunités pour renforcer le lien social, favoriser le développement personnel des jeunes participants et améliorer l'environnement local. Ces initiatives permettent aux municipalités de répondre à des besoins concrets au sein de la communauté tout en offrant aux jeunes des opportunités d'apprentissage et d'engagement civique.

De plus, ces projets peuvent être conçus de manière à contribuer à la génération de revenus pour les municipalités tout en offrant des opportunités d'emploi significatives aux jeunes. En intégrant une perspective économique à ces initiatives, les municipalités peuvent non seulement soutenir financièrement leurs programmes d'emploi des jeunes, mais aussi favoriser le développement économique local.

Mieux encore ces projets permettent également de contribuer à la sécurité alimentaire et au développement durable de la région. Ils renforcent aussi l'image de la municipalité en tant que destination engagée dans la préservation de l'environnement et le soutien aux jeunes générations. Ce qui est en accord avec les objectifs de développement durable des organisations des nations unis.

En somme, les projets à haute intensité de main-d'œuvre représentent un levier puissant pour l'autonomisation des jeunes, la promotion de la durabilité environnementale et le renforcement du tissu social au sein des municipalités. En investissant dans ces initiatives, les municipalités peuvent cultiver un avenir prometteur pour leurs jeunes citoyens tout en contribuant à la prospérité et au bien-être de la communauté dans son ensemble.

Chapitre 2. Du divertissement et de l'encadrement des jeunes

1. L'importance du divertissement encadré

Le divertissement encadré joue un rôle essentiel dans le développement des jeunes au sein des communautés locales. En offrant des activités récréatives sécurisées et enrichissantes, il contribue à prévenir les comportements à risque et à favoriser un environnement propice à l'épanouissement des jeunes. L'importance du divertissement encadré réside dans sa capacité à offrir aux jeunes des espaces de socialisation positifs, à stimuler leur créativité et à renforcer leur bien-être émotionnel. Ce chapitre se propose d'explorer en profondeur l'impact du divertissement encadré sur le développement des jeunes, en mettant en lumière son rôle préventif vis-à-vis des comportements à risque. En examinant la diversité des activités récréatives adaptées aux besoins des jeunes, nous chercherons à démontrer comment le divertissement encadré peut constituer un vecteur de croissance personnelle, sociale et éducative au sein des communautés locales.

Cependant avant d'entrer au cœur de ce chapitre, il me semble d'abord important de contextualiser ce sujet. Il est un courant de pensée qui voudrait que de plus en plus de jeunes se tournent dans la facilité en quête d'un avenir meilleur. Le même courant de pensée voudrait que les jeunes se laissent facilement séduire par les activités divertissantes, plutôt que de s'adonner aux études et au travail en général. Se penchant sur ce constat de façon à faire une observation plus approfondie, il est triste de constater que ce qui est souvent qualifié de divertissement n'en est généralement pas. Dans un premier temps, nous explorerons l'ensemble de ces comportements à risque ; puis nous allons jeter dessus le même regard que celui des parents et des décideurs locaux avec une toute autre analyse ; enfin nous allons évaluer les causes potentielles. Puis nous allons dévoiler le besoin des jeunes en matière de divertissement plus appropriés et définir le rôle des adultes afférents pour les accompagner. Pour terminer, nous allons proposer et justifier l'importance d'investir dans la mise en place des infrastructures de divertissement adaptées aux besoins des jeunes, en mettant en avant leur rôle dans la création de lieux de socialisation positifs.

2. Les comportements à risque chez les jeunes : une réalité préoccupante

Les comportements à risques chez les jeunes prennent diverses formes. Dans le domaine de la création de contenu en ligne, de nombreux jeunes cherchent à se démarquer sur les réseaux sociaux en produisant des vidéos parfois explicites ou en s'adonnant à des défis dangereux pour attirer l'attention. Dans un monde où à chaque seconde, un nouveau challenge nait sur les réseaux sociaux et avec le nombre grandissant de plateforme numérique qui offrent du contenu, se démarquer devient un défi pour chaque nouveau créateur de contenu. Se faire remarquer devient de plus en plus difficile. Les jeunes de façon intuitives en viennent à prendre tous les risques de façon à mettre toutes les chances de leur côté pour attirer l'attention.

Parallèlement, certains jeunes en viennent à sécher les cours, pour jouer à des jeux vidéo, parfois contre la volonté de leurs parents. Ils utilisent ces activités comme un moyen d'échapper aux pressions sociales ou familiales, parfois au détriment de leur éducation.

La consommation d'alcool et de drogues constitue également une préoccupation croissante, avec des adolescents fréquentant des débits de boissons qui acceptent de recevoir des mineurs en violation de la loi ou pire encore dans des appartements privés. C'est généralement le cas dans les appartements meublés qui échappent à tout contrôle réglementaire au Cameroun. Ces jeunes s'échappent ainsi de la pression sociale, familiale ou émotionnelle dans la consommation des substances illicites tels que les drogues et l'alcool. De plus, certains jeunes s'engagent dans des activités sexuelles non protégées ou impulsives, exposant leur santé et leur sécurité à des risques importants.

La cyberdépendance est également un sujet préoccupant, avec de nombreux jeunes passant de longues heures en ligne sur les réseaux sociaux ou les jeux vidéo, ce qui peut avoir un impact négatif sur leur bien-être mental. En outre, certains jeunes adoptent des comportements agressifs en ligne, que ce soit verbalement ou physiquement, créant ainsi un environnement toxique sur les réseaux sociaux.

Enfin, l'attrait pour les jeux de hasard et l'influence potentielle des groupes criminels représentent d'autres aspects préoccupants des comportements à risques chez les jeunes. Les paris sportifs peuvent être une activité à haut risque pour les jeunes, en particulier lorsqu'ils ne sont pas encadrés de manière appropriée. Avec ce qu'il y a comme risque d'addiction, tant les jeunes sont vulnérables à développer une dépendance aux jeux de hasard, en raison de leur impulsivité naturelle et de leur recherche d'excitation. Sans omettre l'impact financier pour des jeunes qui généralement ne disposent pas des ressources pour gérer de telles activités. Avec pour conséquence immédiate l'influence des groupes criminels auxquelles le jeune se sent accepté et où il a libre expression pour pouvoir s'affirmer. Nous pouvons hélas déplorer le silence complice du gouvernement qui ne prend pas des mesures qui s'imposent. Tel qu'interdire à toute personnalité influente de faire la publicité des jeux de hasard. C'est déjà le cas en France avec l'interdiction des publicités sur les cryptos monnaies par des influenceurs. Il est triste de voir qu'au Cameroun, même la chaine nationale se plait à faire la promotion de telles entreprises. Vivement que les lois qui s'appliquent sur les cigarettes s'appliquent aussi sur les jeux de hasard.

3. Le regard des parents et des décideurs locaux face aux dérives des jeunes

La vie est difficile ! Cette exclamation est courante tant chez les adultes que chez les jeunes. Malheureusement, les adultes ont souvent du mal à reconnaître que les jeunes font le même constat. Il est fréquent d'entendre des parents blâmer leurs enfants pour ne pas être reconnaissants des sacrifices consentis au quotidien. Après tous les efforts fournis par un parent pour payer la scolarité, offrir des soins de santé, veiller à une alimentation saine et offrir quelques gadgets utiles, comment se fait-il que l'enfant ne parvienne pas à faire le minimum requis : se consacrer aux études et obtenir de bonnes notes ? D'où lui vient l'idée de consommer de l'alcool et des drogues ? De voler de l'argent pour jouer aux jeux de hasard ou pour prendre la route de l'Europe par le désert ? Malgré l'argent de poche hebdomadaire offert par ses parents, comment une jeune fille peut-elle accepter la compagnie de jeunes hommes au comportement douteux ? Ces plaintes sont courantes chez les jeunes parents qui ont l'impression d'être les seuls à affronter une vie difficile, comme si le temps s'étirait indéfiniment. Entre avancement professionnel, risque de licenciement et problèmes relationnels, les jeunes sont également confrontés à des difficultés. Même si l'on pourrait penser qu'ils en rencontrent moins, il est important de noter que la quantité de problèmes ne détermine pas leur importance du point de vue psychologique ou autre. En réalité, les jeunes peuvent être confrontés à des problèmes tout aussi importants, voire plus grands. Leurs choix sont limités. Ils manquent de liberté, pourtant rien n'est plus précieux et universel que la liberté, pour laquelle les êtres humains se battent depuis des millénaires. Par exemple, face à une déception amoureuse, un parent peut s'offrir une échappatoire positive telle qu'un voyage. Mais peut-il en être de même pour un jeune scolarisé qui dépend de ses parents ? Ou bien ne sont-ils pas autorisés à vivre des déceptions amoureuses ? La seule échappatoire pour se sentir épanoui est de grandir, terminer rapidement ses études et échapper à la domination parentale. Pourtant, cela ne dépend pas d'un talent particulier ; cela demande du temps, des années même. Alors qu'une seule année peut déjà sembler interminable en soi. Et cela dépend aussi paradoxalement de l'appui des parents. Cet objectif commun des parents et des jeunes – grandir, réussir leur scolarité et devenir autonome - est trop long pour espérer qu'un jeune reste concentré sans dévier. Il faut découper cet objectif en étapes comme le fait déjà le système scolaire avec ses petites pauses, interruptions et congés. Cependant, avec la mondialisation, ces mesures ne suffisent plus. Encore plus dans un contexte où l'État a légué la gestion de l'éducation aux Communautés Térritoriales Décentralisées (CTD). Il est donc évident que l'école seule ne suffit plus à occuper et valoriser pleinement les jeunes. Il est essentiel de diversifier les activités et opportunités qui leur sont offertes afin de créer un environnement stimulant et enrichissant tout au long de l'année scolaire. Une telle approche n'a pas pour but de culpabiliser ou juger les parents ; bien au contraire. Il ne s'agit pas non plus de trouver une solution miracle. L'emplacement de ce sujet dans cette partie du livre reflète le désir d'aborder la question du point de vue communautaire. Se pencher sur la perception des parents sur cette question reste essentiel car les parents font partie intégrante de la communauté et peuvent contribuer à apporter des solutions que seule la communauté peut initier. Sur un plan personnel, prendre conscience de ces faits permet aux parents d'avoir un regard nouveau sur les comportements de leurs enfants et d'ajuster leur réponse. Les défis tels que culpabiliser l'enfant ou le traiter d'ingrat qui a moins de problèmes et n'arrive pas à fournir le minimum ne seront pas efficaces. Il ne faudra pas être surpris si les enfants réagissent avec ironie en clamant qu'ils n'ont pas demandé à naître.

Quant aux décideurs locaux, ils expriment fréquemment leur surprise face au choix de vie des jeunes d'aujourd'hui. Soulignant leur propension à privilégier le divertissement au détriment de l'éducation et du travail. Ces jeunes sont enclins à participer à des activités à risque telles que les jeux de hasard, les paris sportifs, la conduite dangereuse, une sexualité précoce et à risque, la violence et l'adhésion à des groupes criminels et gangs. Cette tendance est également associée à l'abandon scolaire. En guise de comparaison, les décideurs locaux vont même jusqu'à évoquer les difficultés qu'ils ont eux-mêmes rencontrées pour se rendre à l'école, soulignant qu'à leur époque, ils devaient parcourir de longues distances à pied. Cette analyse est partagée par de nombreux décideurs locaux, en particulier ceux issus de la génération des années 80 et au-delà. Bien que certains pourraient considérer ces discours comme de simples critiques ou tentatives de motivation, il est indéniable que ces préoccupations sont exprimées avec sincérité. Cependant, en y regardant de plus près, on comprend rapidement pourquoi le problème du divertissement des jeunes se pose aujourd'hui. Soit les adultes ne sont pas conscients des schémas de divertissement qui existaient à leur époque, soit ils ne réalisent pas que ces schémas n'étaient pas le fruit de leur inspiration naturelle, mais plutôt la création de leurs encadreurs (parents, société, etc.). En ce qui concerne ces encadreurs, notamment dans les sociétés chrétiennes, il s'agissait souvent des missionnaires blancs qui ne se contentaient pas seulement d'organiser le culte, mais également de mettre en place divers mouvements de jeunes pour offrir un espace d'expression à ces derniers. Les thématiques étaient variées afin de permettre à chaque jeune de s'impliquer selon ses préférences et son profil. Il est donc important de s'interroger sur les schémas de divertissement existants au Cameroun aujourd'hui. Il n'est pas exagéré de dire qu'ils sont inexistants. Les mouvements culturels de jeunes dans les communautés réligieuses telles que les églises ont disparu ; les communes ne proposent guère plus qu'un modeste championnat de football estival qui peine à impliquer ne serait-ce qu'un quart de la population. Les maires se plaignent du désintérêt des jeunes pour la lecture alors qu'il n'existe aucune bibliothèque dans leur municipalité. De même, au ministère de la jeunesse, on ne parle plus que d'entrepreneuriat et de plans d'affaires – le fameux Plan Triennal Spécial jeune. Les délégués de la jeunesse au niveau des arrondissements s'activent à autre chose que l'entreprenariat uniquement à l'approche de la fête de la jeunesse pour couvrir l'événement. Est-ce un problème budgétaire ? Un problème de vision ? Il suffit de se rendre dans un arrondissement de Yaoundé et de demander à une dizaine de jeunes le nom ou l'adresse du délégué de la jeunesse ou d'un Centre Multifonctionnel de Promotion des Jeunes sensés être le relais entre le ministère de la jeunesse et les jeunes dans chaque arrondissement pour constater que personne n'en sait rien[1]. Si donc les schémas qui étaient établis pour permettre aux jeunes de s'épanouir tout en grandissant sont bafoués et que la seule chose présentée à la jeunesse sont des moyens matériels pour réussir dans la vie, n'est-il pas logique qu'ils prennent le relais sans aucune considération morale pour atteindre cet idéal ?

Tout comme l'analyse précédente sur le regard des parents sur les comportements à risques que prennent les jeunes, il n'est pas question ici de culpabiliser ou de faire une vaine critique des décideurs locaux. Il semble que les décideurs locaux expriment une préoccupation légitime concernant le choix des jeunes de s'orienter vers des activités à risque au lieu de l'éducation et du travail. Mais nous soulignons l'importance de reconnaitre que l'environnement social et les opportunités offertes aux jeunes jouent un rôle important dans leurs décisions. Il est donc essentiel que les adultes prennent en compte les schémas de divertissement et d'encadrement qui étaient présents à leur époque, ainsi que l'impact de ces schémas sur la jeunesse actuelle. Au besoin de les ajuster à la mondialisation. Enfin il est important que les décideurs locaux réévaluent leurs approches pour offrir aux jeunes des opportunités significatives et engageantes qui favorisent leur épanouissement personnel et professionnel. La vision et l'allocation budgétaire pour ces initiatives sont des éléments clés à considérer.

4. Le besoin de divertissements encadrés et enrichissants

Il nous semble essentiel de reconnaitre que les jeunes qui se tournent vers des comportements à risque, ne le font pas nécessairement dans le but de rechercher une vie facile ou de devenir riche rapidement. Bien que perçus à tort comme des formes de divertissement chez les jeunes. Cette confusion découle souvent d'une absence d'opportunités de divertissement sains et enrichissants. Ces comportements sont souvent des formes d'échappatoire face à des pressions sociales, à un ennui prononcé, à des difficultés émotionnelles ou à un manque de perspectives positives ou à un manque de soutien émotionnel. Par exemple la consommation excessive d'alcool ou de drogues peut parfois découler d'une tentative de fuir des problèmes personnels ou de trouver un moyen de se sentir mieux dans l'immédiat. Ou encore le

[1] Amougou, M. P., & Ngon Andjongo, M. (2020). Analyse de la précarité dans les institutions publiques d'éducation non formelle et d'alphabétisation au Cameroun : Cas du centre multifonctionnel de promotion des jeunes de Yaoundé 4. Revue AKOFENA, << Volume 2 : Numéro 1.>>, pp. 139-150.

souci d'appartenir à une communauté où cela semble être la règle. Mais est-on obligé d'être membre de cette communauté ? Poserez-vous comme question. Mais si le jeune dans un environnement donné n'est pas membre d'une autre communauté autre que sa famille, est-ce vraiment réaliste ? Aussi lorsque nous regardons la société actuelle, que voyons-nous comme communauté positive appartenant uniquement aux jeunes ? Dans les communautés actuelles au Cameroun, quelle place occupe un jeune pour s'exprimer, pour se sentir valoriser ? Ou plus vulgairement, pour se sentir exister.

De même lorsqu'un jeune devient accro aux jeux de hasard, par exemple, cela peut être une tentative de fuir le stress, l'anxiété ou d'autres problèmes émotionnels. De même, la création de contenu explicite sur les réseaux sociaux peut découler d'un besoin de validation, d'estime de soi ou encore d'influence sociale, plutôt que d'une volonté délibérée de se livrer à la prostitution ou à d'autres moyens d'obtenir de l'argent rapidement.

Lorsque les jeunes ne disposent pas d'alternatives attrayantes pour occuper leur temps libre et s'épanouir, ils peuvent se tourner vers des activités à risque qui semblent offrir une échappatoire ou un moyen de se divertir. Le manque de structures de loisirs adaptées, d'espaces de socialisation sécurisés et d'opportunités d'engagement positif contribue à la perception erronée de ces comportements comme des formes acceptables de divertissement.

Il est crucial pour les adultes et les décideurs de comprendre ces nuances et d'adopter une approche empathique et compréhensive envers les jeunes qui s'engagent dans ces comportements. Plutôt que de les juger ou de les stigmatiser, il est important d'offrir un soutien adapté et des alternatives positives qui répondes à leurs besoins émotionnels, sociaux et personnels.

Il est crucial de reconnaitre que la promotion de divertissements sains et enrichissants est essentielle pour contrer cette confusion. En offrant aux jeunes des activités culturelles, artistiques, sportives, éducatives et sociales stimulantes, en quantité suffisante et variées, il est possible de remplacer les comportements à risque par des alternatives positives. Cette transition vers des solutions concrètes peut aider à mettre en lumière l'importance d'investir dans des infrastructures de divertissement qui répondent aux besoins des jeunes et favorisent leur développement global.

En abordant ces questions avec sensibilité et en mettant en lumière les motivations sous-jacentes à ces comportements, il devient possible d'envisager des approches plus holistiques pour soutenir le bien-être des jeunes et les aider à trouver des voies plus épanouissantes et saines pour s'exprimer et se développer. De même en mettant l'accent sur ces solutions, il devient possible d'envisager des approches pratiques pour encourager le bien-être des jeunes à travers un divertissement sain et constructif.

5. Le rôle des adultes dans l'encadrement des jeunes

Les adultes qui entourent les enfants ont un rôle fondamental dans leur éducation et leur développement. Leur influence va bien au-delà de la simple transmission de connaissances. En effet, les adultes référents sont des modèles pour les enfants, et leur comportement et leurs paroles ont un impact majeur sur ces derniers.

La patience est une qualité essentielle pour les adultes qui interagissent avec des enfants. Faire preuve de patience permet de créer un environnement où les enfants se sentent en sécurité pour explorer, apprendre et grandir. Cela leur donne également le temps nécessaire pour comprendre et assimiler les leçons qui leur sont enseignées. Pourtant, il peut être intéressant de remarquer que de moins en moins de parents sont patients envers leurs enfants. Aujourd'hui, les jeunes parents ont très peu de temps à accorder à leur jeune progéniture. Pour cette affirmation, tous s'accordent là-dessus. Ce fait est le fruit d'une mondialisation généralisée. Il faut partager son temps entre le monde professionnel qui nous prend plus de 70% de notre temps, puis la famille et la communauté qui nous prend un peu moins de 20%. Il ne nous reste que 10% pour nous occuper de notre famille restreinte, à savoir conjoint et enfant. Mais à bien regarder, ces 10% sont réservés à une plage horaire pendant laquelle l'on est à la maison. Or généralement à la maison on en profite pour s'offrir un repos bien mérité en stigmatisant même souvent les enfants qui troublent ce repos par quelques bruits inopportuns. Occasionnellement ce temps réservé aux enfants devient un prolongement du temps accordé à la communauté. Un cas de figure est celui de cette jeune femme recevant ses collègues de travail chez elle au cours d'une soirée.

Une demi-douzaine d'adultes qui remplissent le salon, discutent, mangent et boivent. Dans la terrasse arrière de son appartement, il y a son jeune garçon qui est en train de réviser. C'est l'espace idéal, car il est à l'abri des voix qui pourraient troubler sa concentration. De temps en temps elle y fait un tour pour s'assurer qu'il travaille et qu'il travaille bien. Au premier tour il est en train de réviser ses leçons. Semble-t-il, elle attend de lui qu’il soit capable de lire correctement une lecture dans son livre.

Au premier tour il est en train de lire à haute voix : ‘‘...le berger parcourait des centaines des … ki… ki… lo… ki…’’ Interruption de la mère. ‘‘Kilomètre ! Et l’enfant qui reprend : kilomètre. La mère rassurée tourne le dos et va rejoindre ses invités. Quelques minutes plus tard elle est de retour et veut se rassurer que l’enfant sait désormais mieux lire son texte. A lui de reprendre : ‘‘...le berger parcourait des centaines des … ki… lo… ki…’’. Interruption de la mère en colère cette fois ci. ‘‘Non ! kilomètre. Je dis kilomètre.’’ Elle rentre à nouveau vers ses convives et au troisième tour, l’enfant commet la même bêtise. Cette fois, elle ne se retient pas, elle lui assène une belle gifle, puis une autre. Comme cette dame, beaucoup de parent, de tuteurs et même d’enseignant commettent encore l’erreur de manquer de patience dans l’apprentissage des enfants dont ils ont la charge. Ils projettent sur eux leurs attentes sans prendre en compte le rythme d’apprentissage propre à chaque enfant.

Lorsqu'il commet une erreur, elle devient impatiente et corrige brusquement l'enfant sans lui laisser le temps d'apprendre à son rythme. Cette situation peut causer du stress et de l'anxiété chez l'enfant, nuisant ainsi à son processus d'apprentissage.

En vérité, la véritable mesure de compétence d'un parent dans cette situation réside dans sa capacité à transmettre des connaissances à l'apprenant sans recourir à la violence verbale ou physique. C'est là que se trouve le véritable défi. Comme on le dit, l'amour est patient ! D'autres pour justifier cette incompétence et l'usage du fouet font appel à l'adage qui voudrait que "les oreilles du nègre se trouvent aux fesses". Comme quoi les enfants comprennent mieux lorsque l'on fait usage du fouet contre eux. Mais ce sont les mêmes personnes qui s'indignent de l'esclavage, du colonialisme et du néocolonialisme. Les mêmes qui sont contre les violences conjugales. Mais si donc les oreilles du nègre se trouvent aux fesses, n'est-ce pas justifié qu'un homme se fasse mieux comprendre de sa femme lorsqu'il fait usage de violence physique ? Où serait donc la différence ?

Il est crucial pour les adultes d'être patients et bienveillants envers les enfants afin de favoriser un environnement propice à leur épanouissement et leur apprentissage.

D’expérience personnelle, il m’arrive de voir cet enfant assis dans une grande cour sur un petit banc. Un plus grand banc devant lui faisant office de table et sur lequel est posé son livre de lecture. A côté de lui, son cartable. A quelques mètres de lui, sa mère assise sur une petite chaise en train de tamiser du couscous. Et lui qui lit à haute voix cet extrait du récit de Camara Laye dans son fameux livre, **l'Enfant noir** édité par Plon. "N'étaient-ce pas les génies du feu et de l'or, du feu et du vent, du vent soufflé par les tu... les tu... ères..." Et la voix de la mère qui résonnait non loin : "Tuyères". Et lui de reprendre : "Tuyères". "Reprends la phrase entière", ajoutait la mère. "N'étaient-ce pas les génies du feu et de l'or, du feu et du vent, du vent soufflé par les tuyères[1]".

De ces deux expériences, on peut clairement voir deux approches très différentes en matière d'apprentissage. Dans le premier texte, l'accent est mis sur la pression, la correction violente et l'attente de performance immédiate de la part de l'enfant. La mère semble utiliser des méthodes autoritaires et punitives pour pousser son fils à apprendre rapidement, sans tenir compte de son rythme ou de ses besoins émotionnels. Cette approche mécanique et pressante peut refléter une impatience liée à nos modes de vie effrénés, où le temps et l'attention se font rares. Dans nos sociétés hyperconnectées et axées sur la performance, il est crucial de prendre en compte l'impact de notre environnement moderne sur nos interactions familiales et sur la manière dont nous abordons l'éducation des enfants. Toujours dans ce premier exemple l'enfant est perçu comme un objet à façonner rapidement pour répondre à des attentes externes de performance.

Il est vrai que dans une société où tout va vite et où la technologie occupe une place prépondérante, il est parfois difficile de prendre le temps nécessaire pour accompagner pleinement nos enfants dans leur développement, notamment sur le plan de l'apprentissage. La patience, l'amour fraternel et la bienveillance peuvent parfois être relégués au second plan au profit de l'efficacité et de la rapidité. On aura facilement un parent qui sera partagé entre la réception de ses amis, la gestion des statuts y afférents dans les réseaux sociaux et le soutien à son enfant. Et même lorsqu'il n'y aura pas de réception, il y a des chances que ce parent soit partagé entre un travail à rattraper, un sommeil à réparer.

En revanche, le deuxième texte met en lumière une approche plus bienveillante et encourageante de l'apprentissage. L'enfant est soutenu par sa mère dans un environnement calme et sécurisant, où il peut lire à haute voix et être corrigé avec douceur et patience. La présence

---

[1] Camara Laye. (1953). L'Enfant noir. Plon

aimante et guidante de la mère permet à l'enfant d'explorer son livre en toute confiance, sans craindre les erreurs. Cette approche souligne l'importance cruciale d'accorder du temps, de l'attention et de l'amour authentique à nos enfants pour favoriser un épanouissement harmonieux. Cette seconde approche est propice au fait que souvent, l'enfant soit apte à prendre de lui-même l'initiative d'apporter son livre de lecture ou auprès de son parent pour étudier. Tandis qu'avec le premier cas, l'enfant redoute au plus haut point ce moment. Et alors sans rien comprendre, beaucoup de parents dans le premier cas sont souvent surpris et envieux lorsqu'ils découvrent ce désir d'apprentissage chez le second enfant. Se demandant comment leurs enfants à eux peut être si paresseux pour ne jamais prendre d'initiative. Curieusement ils ne voient que le résultat mais ne semblent pas s'interroger sur la méthode d'apprentissage appliquée par ces parents au quotidien qui suscitent l'enthousiasme et l'acceptation des erreurs comme faisant partie du processus.

Ces deux expériences mettent en lumière l'impact significatif que le style d'enseignement d'un parent peut avoir sur le développement et le bien-être de l'enfant. Alors que l'approche autoritaire peut générer du stress et des blocages chez l'enfant, une approche encourageante et positive favorise un apprentissage serein et constructif. Il est primordial de se dégager des contraintes de vitesse et de performance pour cultiver des relations familiales basées sur la compréhension, la patience et le soutien mutuel.

Il est essentiel de créer un environnement d'apprentissage qui valorise les efforts de l'enfant, encourage sa curiosité et respecte son rythme individuel. L'apprentissage devrait être une expérience enrichissante, où l'enfant se sent soutenu et encouragé à explorer le monde qui l'entoure.

En mettant l'accent sur la diversité des activités récréatives adaptées à leurs intérêts et à leur développement personnel, il est important d'explorer les besoins spécifiques liés à l'âge, au contexte culturel, aux préférences individuelles et aux défis auxquels sont confrontés les jeunes. Cela peut inclure le besoin de s'engager dans des activités physiques, artistiques, éducatives et communautaires qui nourrissent leur esprit, leur corps et leur âme.

En comprenant ces besoins dans toute leur diversité, il devient possible de concevoir des programmes et d'investir dans des insfrastructures de divertissement encadré qui répondent véritablement aux attentes des jeunes, tout en favorisant leur épanouissement global et en contribuant à la création d'une communauté solidaire et inclusive.

6. Investir dans des infrastructures de divertissement adaptées

Investir dans des infrastructures de divertissement adaptées aux besoins des jeunes est essentiel pour créer des lieux de socialisation positifs. Ces espaces offrent aux jeunes un environnement sûr et stimulant où ils peuvent se rencontrer, interagir et développer des liens sociaux sains.

En fournissant des installations telles que des aires de jeux, des centres communautaires, des espaces sportifs et culturels, nous donnons aux jeunes la possibilité de s'engager dans des activités enrichissantes. Ces expériences contribuent à leur épanouissement personnel, renforcent leur estime de soi et favorisent le développement de compétences sociales précieuses.

En outre, ces infrastructures offrent aux jeunes la possibilité de s'impliquer activement dans leur communauté. En créant des espaces où les jeunes se sentent les bienvenus et valorisés, nous encourageons un sentiment d'appartenance et de responsabilité envers leur environnement.

Enfin, ces lieux de divertissement adaptés aux besoins des jeunes contribuent à la création d'une société plus inclusive et équilibrée. En offrant des opportunités de loisirs accessibles à tous, indépendamment de leur origine sociale ou économique, nous favorisons la cohésion sociale et la diversité.

Bien évidemment il se pose encore la question du financement de ces infrastructures. Pour rester dans la logique de notre ouvrage, faire le plus avec le moins de ressource possible, nous allons explorer de façon sommaire des approches pour y arriver en comparaison à ce qui se fait généralement :

1. Utilisation efficace des espaces existants : Plutôt que de construire de nouvelles infrastructures, il est possible de réaménager et de réutiliser des espaces existants tels que des terrains vacants, des bâtiments abandonnés ou des parcs sous-utilisés. En repensant ces espaces, on peut créer des aires de jeux, des terrains de sport ou des centres communautaires à moindre coût. L'aménagement d'une plage existante, d'un fleuve pour la course nautique, etc.

2. Collaboration avec des partenaires locaux : Les municipalités, les écoles, les entreprises locales et les organisations à but non lucratif peuvent collaborer pour partager les coûts liés à la création

d'infrastructures de divertissement. Par le biais de partenariats public-privé ou de projets communautaires, il est possible de mobiliser des ressources et des compétences diverses pour concevoir et mettre en place ces infrastructures.

3. Recours au bénévolat et à la participation communautaire : En impliquant les membres de la communauté dans la planification, la construction et l'entretien des infrastructures de divertissement, on peut réduire les coûts tout en renforçant le sentiment d'appartenance et d'engagement des habitants envers ces espaces.

4. Utilisation de matériaux durables et recyclés : En privilégiant l'utilisation de matériaux durables et recyclés, on peut réduire les coûts tout en adoptant une approche respectueuse de l'environnement dans la création de ces infrastructures.

5. Mesure incitative aux entreprises à créer des programmes de divertissement sains pour les jeunes : En échange d'une réduction d'impôt par exemple, certaines entreprises seraient enclines à créer des salles de jeux éthiques et ouverte à une formation pour revoir leur modèle économique qui peut être plus rentable que ce qu'ils ont actuellement.

6. Appel d'offre à projet : lorsque les approches précédentes ne seront pas suffisantes, il conviendrait aux municipalités de créer elles-mêmes des modèles d'infrastructures et de faire un prix ou un appel à projet pour financer les jeunes qui proposeront des meilleures solutions pour développer des infrastructures de divertissement éthiques. Je vois bien un appel à projet pour une salle de jeu éthique. Un appel à projet pour un championnat local de natation. Un concours littéraire. Il pourrait être judicieux de leurs donner la parole pour définir leurs besoins et de rester le censeur qui valide ou ajuste les propositions.

En adoptant ces approches créatives et en encourageant l'innovation, il est possible d'investir dans des infrastructures de divertissement adaptées aux besoins des jeunes sans considérer les fonds comme un obstacle majeur. La volonté politique, l'engagement communautaire et la créativité peuvent jouer un rôle déterminant dans la concrétisation de tels projets.

En fin de compte, cette analyse sur l'importance d'investir dans des infrastructures de divertissement adaptées aux besoins des jeunes met en lumière le rôle essentiel de ces espaces dans la création de lieux de socialisation positifs. Les infrastructures de divertissement, qu'il s'agisse de parcs, de centres de loisirs, de salles de spectacle, des bibliothèques ou d'autres installations récréatives, jouent un rôle crucial dans l'épanouissement des jeunes en leur offrant des espaces dédiés à la détente, à l'apprentissage et à l'interaction sociale. Lorsque les moyens ne sont pas disponibles, il est aussi possible de collaborer avec les entreprises locales afin d'offrir me minimum de cadre attractif aux jeunes en contrepartie d'une imposition favorable.

En mettant en avant leur rôle dans la création de lieux de socialisation positifs, il est important de souligner que ces infrastructures offrent aux jeunes des espaces où ils peuvent se réunir, partager des expériences enrichissantes et développer des liens sociaux significatifs. Ces lieux favorisent la création de communautés dynamiques en offrant des opportunités d'engagement, d'expression créative et d'échange interpersonnel.

De plus, les infrastructures de divertissement adaptées aux besoins des jeunes contribuent à promouvoir un mode de vie sain en offrant des installations sportives, culturelles et éducatives. Elles encouragent les jeunes à s'engager dans des activités physiques, artistiques et éducatives qui renforcent leur bien-être physique et mental.

7. Créer des solutions concrètes pour encadrer les jeunes

Dans ce chapitre, nous avons souligné un constat préoccupant : les décideurs tendent souvent à confondre divertissement et activités de déperdition. Malheureusement, c'est souvent ce dernier type d'activités qui est accessible aux jeunes, en raison d'un manque d'options de divertissement sain et constructif. Cette situation pousse les jeunes à s'engager dans des activités qui ne favorisent pas leur épanouissement personnel.

Il est crucial de reconnaître l'importance de diversifier les possibilités de loisirs disponibles pour les jeunes. En créant des espaces qui offrent des activités enrichissantes, culturelles et sportives, nous pouvons leur fournir des alternatives positives. Cela leur permettra non seulement de mieux utiliser leur temps libre, mais aussi d'acquérir des compétences essentielles et de renforcer leur bien-être.

En somme, il est vital que les décideurs prennent conscience de cette réalité et agissent pour offrir un véritable éventail de divertissements sains. Cela permettra aux jeunes de s'épanouir pleinement dans un environnement qui valorise leur potentiel et encourage leur développement personnel.

Chapitre 3. De l'incitation à l'innovation au sein des communautés locales

1. Le rôle central de l'innovation dans le developpement local

L'innovation est bien plus qu'un simple concept abstrait ; c'est le moteur essentiel qui propulse le développement et la vitalité des communautés locales. En son sein réside le pouvoir de résoudre les défis spécifiques auxquels sont confrontées nos communautés, ainsi que la promesse d'un avenir prospère et durable. Dans ce chapitre, nous plongerons au cœur de l'innovation au niveau local, explorant les voies par lesquelles la créativité, la collaboration intergénérationnelle et le soutien institutionnel peuvent dynamiser nos communautés.

Nous commencerons par mettre en lumière l'importance d'encourager la créativité chez les jeunes, au sein de leur environnement local, en mettant en avant des initiatives inspirantes qui ont déjà façonné des changements significatifs. Ensuite, nous explorerons comment favoriser la collaboration entre les différentes générations pour stimuler l'innovation au sein des communautés locales, en mettant en évidence les bénéfices précieux que cette synergie peut apporter à tous. Enfin, nous discuterons du rôle crucial des institutions locales dans la création d'un environnement propice à l'innovation, en présentant des politiques ou programmes de soutien déjà mis en place et surtout qui peuvent être mis en place.

Ce chapitre s'adresse à tous ceux qui souhaitent à voir leur communauté prospérer grâce à l'innovation. Que vous soyez un jeune cherchant à exprimer votre créativité, un acteur de la communauté souhaitant favoriser un environnement propice à l'innovation, ou simplement quelqu'un désireux de comprendre comment l'innovation peut transformer nos communautés pour le mieux, vous trouverez dans ces pages une source d'inspiration et de réflexion. Nous découvrirons comment l'innovation peut être catalysée au sein de nos communautés locales et comment chacun peut contribuer à ce mouvement dynamique.

2. Encourager la créativité chez les jeunes : un moteur pour les communautés

Les jeunes sont de plus en plus confrontés à une léthargie mentale. Les schémas de pensées qui leurs sont proposés sont classiques. Fréquenter, obtenir des diplômes et trouver un emploi. Ce schéma classique a montré ses limites en Afrique où les jeunes sont la grande majorité de la population. Ils ne pourront pas être tous recrutés dans la fonction publique et il existe très peu d'entreprises privés qui pourront servir de relais à la fonction publique. Il faudra donc créer de nouvelles entreprises privées pour répondre à cette demande. Mieux encore il faudra que ces jeunes créent des entreprises. D'où la promotion de l'entrepreneuriat jeune est devenue vitale. Pour apporter une réponse favorable à cette politique au Cameroun, le président de la République Paul BIYA a tôt fait de lancer le fameux Plan Triennal Spécial Jeune (PTS). Des institutions publiques ont pris le relais pour son exécution sur le plan national. Notamment le ministère de la jeunesse, le ministère des petites et moyennes entreprises et de l'artisanat, le Fonds National de l'Emploi (FNE). Tous avec de plus en plus de programme qui permettent de venir en appuis aux jeunes entrepreneurs. Malheureusement ici on se concentre davantage sur les actions d'appuis et moins à la promotion. Ce qui fait que très peu de jeunes s'y intéressent. Ça reste toujours l'affaire des autres. D'aucuns en viennent même à douter de la transparence sur la sélection des projets. Légitime ou pas, seule une bonne communication peut lever cette équivoque. Et son absence tend plutôt à confirmer le doute des jeunes quant à sa transparence. Les évènements y afférents sont très peu médiatisés. Certains jeunes des zones rurales n'ont même pas la capacité d'être concerné même s'ils étaient informés et intéressés. Problème de pauvreté, d'enclavement, d'électricité, de connectivité et de compétitivité avec ceux de la ville ? Certains jeunes n'ont pas beaucoup de chance parce qu'au niveau national, les places sont limitées et il faut respecter un certain équilibre régional. Du coup il existe une réponse au développement éprouvée mais qui tarde à être efficacement exploitée sur le terrain. Que faut-il faire ? Espérer que l'Etat augmente le nombre de lauréats et multiplie les initiatives ? Cela n'aura pour conséquence que de donner la possibilité aux mêmes personnes de gagner plusieurs prix avec le même concept dans différents appels à projets. Etant donné, malheureusement, que les institutions qui ont pris le relais ne sont pas coordonnées par le même service. Alors qu'il s'agit de résoudre la même problématique, celle du chômage des jeunes. Pourtant ''Cet éparpillement est facteur de duplication et de gaspillage de ressources financières déjà rares.[1]''

---

[1] Camille, Moutè à Bidias. (2009). *L'emploi en Afrique au Sud du Sahara : Que faire ?* Yaoundé: IFRIKIYA.

Il devient donc clair que la meilleure façon d'intéresser un plus grand nombre à s'impliquer dans la résolution des problèmes locaux est de lancer les initiatives d'appels à l'innovation localement. Ainsi, lorsque les initiatives sont lancées dans chaque communauté avec pour objectifs de résoudre les problèmes de ladite communautés, les jeunes s'y impliquent facilement car la compétition est accessible. Une fois dans le *game* et ayant prouvés de quoi ils sont capables, ils ont acquis une confiance en eux suffisante pour oser aller au-delà des frontières de leurs communautés affronter d'autres jeunes qui, eux aussi, ont osé chez eux. Mieux encore, les plus jeunes évoluent dans cet environnement compétitif au sein de leur communauté. Ils grandissent avec un esprit d'innovation. Chacun veut créer quelque chose. Chacun veut résoudre une problématique inhérente à sa communauté de façon innovante. Il y a beaucoup de problèmes dans nos communautés en Afrique ? Il existe aussi beaucoup de jeunes qui peuvent les résoudre. Il suffit de leur donner la possibilité de s'exprimer.

Globalement il devient crucial que ce que l'Etat a initié à l'échelle nationale soit relayée sur le terrain localement par les municipalités. Oui, les municipalités ont la capacité et l'obligation d'inciter et d'encourager les jeunes à se lancer dans l'entrepreneuriat et valoriser l'innovation. Quel que soit les difficultés rencontrées localement dans la municipalité, ce défi peut et doit être relevé. Les difficultés sont un véritable moteur de créativité. Il suffira d'impliquer les jeunes dans la résolution de ces défis. Voyons plus clairement pourquoi il est important pour les municipalités d'encourager la créativité localement.

Innovation et progrès

La créativité des jeunes est le moteur de l'innovation. Encourager la créativité permet de favoriser l'émergence de nouvelles idées, de solutions novatrices et de technologies disruptives qui contribuent au progrès économique, social et environnemental ; un exemple concret serait celui des jeunes entrepreneurs qui développent des technologies propres pour lutter contre la pollution ou des applications innovantes pour améliorer l'accessibilité aux services de santé.

Empowerment

En encourageant la créativité, on donne aux jeunes les moyens de s'exprimer, de développer leur confiance en eux et de réaliser leur plein potentiel. Cela favorise leur développement personnel et professionnel, renforçant ainsi leur capacité à contribuer de manière significative à la société. Par exemples des programmes artistiques et culturels destinés aux jeunes, tels que des ateliers de théâtre ou de musique en milieu scolaire, offrent aux jeunes l'opportunité de s'exprimer, de renforcer leur estime de soi et de développer leurs talents artistiques. Est-il nécessaire d'attendre une maigre plage périodique d'une semaine par an, pendant la fête de la jeunesse, pour offrir cette opportunité à ces mêmes jeunes qui vivent déjà un manque criard de divertissement encadré ?

Réponses aux défis contemporains

Face aux défis complexes tels que le changement climatique, l'inégalité sociale ou les crises sanitaires, la créativité des jeunes peut apporter des perspectives nouvelles et des solutions innovantes pour relever ces défis de manière durable. Par exemple des hackathons ou des compétitions d'innovation sociale qui réunissent des jeunes pour trouver des solutions aux défis locaux, comme la gestion des déchets et l'accès à l'éducation, démontrent comment la créativité des jeunes peut être canalisée pour répondre à des besoins spécifiques de la communauté.

Diversification de l'économie

Les idées créatives des jeunes peuvent conduire à la création d'entreprises innovantes dans divers secteurs, contribuant ainsi à la diversification de l'économie locale et à la création d'emplois. Par exemple des incubateurs d'entreprises qui soutiennent les jeunes entrepreneurs dans le développement de startups technologiques ou durables contribuent à diversifier l'économie locale en favorisant la création d'emplois et en stimulant l'innovation.

Renforcement du tissu social

Les projets créatifs des jeunes peuvent rassembler les communautés autour d'objectifs communs, favorisant la cohésion sociale et renforçant le sentiment d'appartenance. Par exemple des projets artistiques collaboratifs impliquant des jeunes issus de milieux diversifiés permettent de créer des espaces inclusifs où les différences sont célébrées, renforçant ainsi le tissu social et favorisant la compréhension interculturelle.

Ces exemples illustrent comment l'encouragement de la créativité chez les jeunes peut avoir un impact significatif sur différent aspect de la communauté locale. Par conséquent, encourager la créativité chez les jeunes est essentiel pour cultiver l'innovation, renforcer le potentiel individuel et collectif, répondre aux enjeux contemporains et dynamiser l 'économie locale. Bien évidemment ceci reste un défi à relever par les décideurs locaux qui s'interrogent sous doute sur la faisabilité d'une telle vision avec des ressources limitées. Mais avant d'en parler, nous allons d'abord explorer comment favoriser la collaboration intergénérationnelle pour stimuler l'innovation au sein des communautés locales tout en soulignant les bénéfices mutuels.

3. Favoriser la collaboration intergénérationnelle

Lorsque les différentes générations se rassemblent pour partager leurs expériences, leurs connaissances et leur créativité, quelque chose de magique opère. La collaboration intergénérationnelle est un pilier essentiel pour stimuler l'innovation au sein des communautés locales. En favorisant les échanges entre les différentes générations, elles peuvent exploiter une richesse de connaissances, d'expériences et de perspectives pour créer un environnement propice à la créativité et à la progression collective. Au sein des municipalités, les générations peuvent souvent se croiser dans le cadre des activités communautaires, des initiatives de développement local et des projets municipaux. Les municipalités gagneraient donc à jouer le rôle central dans la promotion de cette collaboration en offrant des opportunités de participation à des programmes et des projets qui rassemblent les jeunes, les adultes et les ainés.

Les bénéfices mutuels de cette collaboration sont multiples. Les jeunes apportent un regard neuf, une maitrise des nouvelles technologies et une énergie créative qui stimulent l'innovation. Leurs idées novatrices et leur audace peuvent bousculer les conventions établies, ouvrir de nouvelles voies et insuffler un vent de fraicheur dans les projets communautaires.

D'un autre côté, les générations plus expérimentées offrent une sagesse accumulée au fil des années, une connaissance approfondie du contexte local et une compréhension des défis historiques. Leurs récits, leurs leçons apprises et leur capacité à anticiper les répercussions à long terme sont des atouts inestimables pour guider les initiatives vers un succès durable.

Le point de rencontre d'une telle collaboration peut souvent être atteint à travers des programmes éducatifs, des activités parascolaires ou des initiatives de mentorat favorisant un meilleur échange d'expérience. Par ailleurs, les initiatives de développement communautaire, telles que la mise en place de projets agricoles, d'infrastructures locales ou de programmes sociaux offrent souvent des espaces où les différentes générations peuvent collaborer. Les ainés apportent leur expertise et leur connaissance du terrain, tandis que les jeunes apportent leur dynamisme et leurs idées novatrices. Bien sûr les espaces publics tels que les centres communautaires, les bibliothèques ou les lieux de culte peuvent également servir de cadres informels où les différentes générations se croisent, échangent et collaborent pour le bien-être de la communauté.

En favorisant la collaboration intergénérationnelle, non seulement nous favorisons l'émergence d'idées novatrices et pertinentes, mais nous créonss également des liens solides au sein de la communauté. Les relations interpersonnelles tissées entre les générations renforcent le tissu social, favorisent la transmission intergénérationnelle du savoir et renforcent le sentiment d'appartenance.

En bref la collaboration intergénérationnelle est un catalyseur d'innovation qui nourrit le progrès des communautés locales tout en tissant des liens interpersonnels significatifs entre les individus. Lorsque l'on est déjà convaincu de l'importance d'une telle approche dans la communauté, on peut à présent se pencher sur le rôle des institutions locales dans la création d'un environnement propice à l'innovation. Plus clairement, on peut discuter du rôle des institutions locales dans la création d'un environnement propice à l'innovation, en mettant en avant les politiques ou programmes de soutien déjà mis en place.

4. Le rôle des institutions locales dans la promotion de l'innovation communautaire

Il est essentiel de pouvoir reconnaitre le rôle crucial des institutions locales dans la création d'un environnement propice à l'innovation. Les politiques et programmes de soutien mis en place par ces institutions jouent un rôle déterminant dans le développement d'une culture d'innovation au sein des communautés.

Les institutions locales, telles que les municipalités peuvent mettre en place des politiques visant à encourager l'entrepreneuriat, à soutenir les start-ups et à faciliter l'accès au financement pour les initiatives innovantes. En mettant l'accent sur les initiatives qui résolvent les problèmes locaux comme l'employabilité de plusieurs autres jeunes, ou encore qui permettent de vendre la destination locale d'un point de vue touristique ou en développant un label propre à la localité.

De plus les programmes de formations professionnelle, les incubateurs d'entreprises et les centres d'innovation technologique sont autant d'initiatives qui devront être soutenues par les institutions locales afin de stimuler la créativité et l'innovation au sein de la communauté. Lorsque ces derniers n'existent pas, les municipalités gagneraient à les créer ou inciter les particuliers à le faire. Une mesure douce serait par exemple une imposition attrayante et mieux encore, une aide au développement d'un modèle économique séduisant pour ces entreprises. En effet, le propriétaire d'un incubateur a tout a gagné chaque fois que des idées immergent de son écosystème pour devenir rentable sur le terrain.

En offrant des subventions, des prêts à taux préférentiels et des ressources techniques, les institutions locales peuvent véritablement catalyser le développement d'un écosystème favorable à l'innovation. Ces mesures de soutien contribuent à créer des opportunités pour les entrepreneurs, les chercheurs et les créateurs, renforçant ainsi la capacité d'innovation de la localité. Mais d'où viendra tous ces financements ?

Tout d'abord il est important de reconnaitre qu'ici nous parlons de la promotion de l'innovation. Et si pour cela il faut faire participer les institutions locales, entreprises et associations ça sera de façon un peu originale. Il faudra envisager une sorte de fonds communautaire en prélevant une contribution volontaire dans chaque groupe d'association. En effet les associations, qu'elles soient axées sur le développement ou juste une réunion de personnes partageant les mêmes centres d'intérêts ont souvent un surplus d'épargne qu'elles évacuent en fin d'exercice ou même parfois à chaque séance en le consommant légitimement de façon *inutile*[1]. L'exécutif municipal devrait trouver des moyens innovants d'intéresser de telles associations à la constitution d'une sorte de fonds communautaire. Après tout, les jeunes qui sont bénéficiaires de ces programmes sont les parents des membres de ces associations. Il faudra donc, en plus de les convaincre d'appuyer ces initiativees, les impliquer directement dans le processus de sélection des bénéficiaires pour plus de transparence, d'engagement et pour un impact significatif dans la communauté. Car la procédure sera alors moins opaque.

À présent que l'origine des fonds est démontrée, ainsi que le protocole de sélection transparent des lauréats, voyons comment des initiatives concrètes peuvent être mis en place.

Une illustration plus claire c'est par exemple un concours local de la meilleure initiative pour une bonne gestion des ordures ménagères au sein de chaque quartier. En donnant la possibilité aux principales concernés et bénéficiaires de résoudre un problème qu'ils vivent au

---

[1] L'on ne saurait décemment reprocher à un groupe de personne de jouir du fruit de leur travail. Mais il n'est pas superflu de leur proposer de partager une infine partie avec ceux qui manquent le minimum.

quotidien, ils se sentent davantage impliqués et les solutions proposées seront de loin durable et ils les préserveront avec fierté.

De même il est possible d'offrir chaque année un modeste prix à chaque jeune diplômé dans les écoles de formations professionnelles qui travaillent sur une solution à même de résoudre des problèmes locaux. De ce fait, les jeunes ne choisiront plus leurs projets de mémoire de fin d'étude de façon hasardeuse mais en visant plus loin. En envisageant d'entrer dans la vie active en poursuivant avec ce projet novateur. La municipalité pourrait aller plus loin en envoyant déjà dans les centres de formations de son territoire une liste de problématiques rencontrés dans la communauté. L'idée serait alors que les apprenants pourront choisir de travailler dessus en échange d'un accompagnement quelconque. Il ne sera pas toujours financier. Selon les cas, il peut s'agir de mettre à disposition des ressources utiles : des équipements de la mairie comme des ordinateurs, de la connexion internet, des salles spacieuses, l'expertise et le mentorat des ainés qui travaillent pour ou avec la mairie et qui sont directement concernés par la problématique en question.

Un autre exemple, une localité ayant fait face à une longue pénurie alimentaire pourrait booster les jeunes avec pour objectif de faire de leur localité un pôle agricole dans une échéance raisonnable. Un appel à candidature pourrait dont être lancé à l'endroit des jeunes. Ils devraient former des équipes de 3 à 12 jeunes par exemple pour recevoir quelques-uns de ces éléments : des intrants agricoles, du financement, un coaching spécialisé en agriculture, un coaching spécialisé en finance, des terres, des vivres, etc. Cette dernière approche reste valable pour toute communauté qui fait face à des denrées alimentaires coûteuses et venant d'ailleurs ou encore à une communauté dont l'activité repose exclusivement sur un autre secteur jugé porteur. C'est le cas des villes minières au Cameroun où l'activité agricole est quasi nulle. Pourtant malgré leur quête de minerais, la majorité des jeunes y vivent dans la précarité. Batouri en est un triste exemple.

En mettant en lumière ces politiques et programmes de soutien déjà en place au niveau national, il est important de souligner l'impact positif qu'ils peuvent avoir sur la promotion de l'innovation au niveau local. En encourageant ces initiatives et en poursuivant le développement de politiques favorables à l'innovation, les institutions locales peuvent jouer un rôle déterminant dans la construction d'un avenir dynamique et prospère pour leur communauté.

5. Bâtir des communautés prospères grâce à l'innovation

Ce chapitre nous a permis d'explorer divers aspects de la stimulation de l'innovation au sein de nos communautés locales. Nous avons exploré la collaboration intergénérationnelle, mettant en lumière les bénéfices mutuels que ces échanges apportent entre générations. Nous avons également examiné le rôle essentiel des institutions locales dans la création d'un environnement propice à l'innovation, en soulignant des politiques et programmes de soutien déjà en place.

À travers ces récits inspirants et ces exemples, nous avons constaté que l'innovation ne se limite pas aux laboratoires ou aux grandes entreprises, mais qu'elle peut fleurir au cœur même de nos communautés. La collaboration intergénérationnelle et le soutien institutionnel sont des piliers sur lesquels repose cette culture de l'innovation, offrant des opportunités uniques de croissance et de prospérité pour tous.

En embrassant ces principes et en s'inspirant de ces réussites, nous pouvons nourrir un esprit d'innovation au sein de nos communautés locales, créant ainsi un avenir dynamique et prometteur pour les générations à venir.

Dans les chapitres à venir, nous explorerons d'autres dimensions de l'innovation locale, cherchant à enrichir notre compréhension des mécanismes qui favorisent la créativité et le progrès au niveau communautaire sans nécessairement rester bloqué sur l'éternel problème des financements. Mais avant de poursuivre dans cette dynamique, assurons-nous d'avoir un lieu du savoir à la dispossition des jeunes. Notamment une bibliothèque communautaire.

Chapitre 4. De la nécessité d'une bibliothèque municipale

1. La bibliothèque comme pillier de l'éducation et du développement communautaire

La lecture et l'accès à la connaissance jouent un rôle fondamental dans le développement des communautés territoriales. En effet, la possibilité pour chaque individu d'accéder à des ressources éducatives et culturelles est un pilier essentiel du progrès social et économique. Cependant, dans de nombreuses régions, l'accès à ces ressources reste limité en raison de contraintes financières et logistiques.

Pourtant, il est impératif de souligner que le développement d'une communauté ne dépend pas uniquement des ressources financières disponibles, mais aussi de la créativité, de l'engagement et du sens de solidarité au sein de la communauté. Ainsi, il est possible de réaliser des projets d'envergure même avec des moyens limités voire inexistants, pour peu que l'on fasse preuve d'initiative et d'ingéniosité.

Dans cette perspective, la création d'une bibliothèque municipale représente non seulement un accès à la connaissance pour tous, mais également un exemple concret de la capacité des communautés locales à réaliser des projets significatifs avec peu de moyens. En mettant en lumière cette vision réaliste et inspirante, il est crucial d'inciter les décideurs locaux à soutenir activement ces initiatives.

2. Les bénéfices éducatifs d'une municipale

La bibliothèque municipale, bien plus qu'un simple dépôt de livres, incarne le cœur battant de la vie intellectuelle et communautaire au sein d'une ville ou d'un quartier. En explorant les multiples rôles d'une bibliothèque municipale, on découvre un éventail de fonctions vitales qui transcendent la simple conservation et la mise à disposition de livres.

Tout d'abord, une bibliothèque municipale joue un rôle crucial dans la promotion de la lecture. En offrant un accès gratuit divers livres, magazines, journaux et autres supports, elle encourage les citoyens à cultiver le goût de la lecture, favorisant ainsi le développement de l'esprit critique, de l'imagination et du savoir.

Ensuite, la bibliothèque municipale est un soutien indispensable pour les étudiants dans leurs recherches et leurs devoirs. En mettant à disposition des ressources documentaires fiables et variées, elle devient un véritable allié dans le parcours éducatif des jeunes en quête de connaissances et d'informations pertinentes.

Enfin, la bibliothèque municipale facilite également les formations tutorées pour la communauté. En proposant des ateliers, des séances de formation et des espaces dédiés aux échanges de savoirs, elle favorise l'apprentissage continu et contribue à renforcer les compétences des membres de la communauté, quel que soit leur âge ou leur niveau d'éducation.

Ainsi, en explorant ces multiples rôles, il devient évident que la bibliothèque municipale est bien plus qu'un simple dépôt de livres. C'est un véritable pilier du développement intellectuel, éducatif et social au sein de toute communauté. Mais comment créer une bibliothèque avec des ressources existantes limitées ?

3. Stratégies pour financer et aménager une bibliothèque municipale

Pour concrétiser la vision d'une bibliothèque municipale dynamique et enrichissante, il est essentiel d'explorer des moyens novateurs pour rassembler des ressources. Une proposition pertinente consisterait à organiser un appel d'offres de dons de livres par la mairie, afin d'encourager les contributions de livres non utilisés par les membres de la communauté.

Cette initiative permettrait de mobiliser les habitants autour d'un projet commun, tout en valorisant le partage et la réutilisation des ressources existantes. En lançant un appel public, la mairie pourrait sensibiliser les citoyens à l'importance de la lecture et de la constitution d'une collection diversifiée au sein de la future bibliothèque municipale.

De plus, en encourageant les dons de livres non utilisés, la mairie favoriserait le recyclage culturel au sein de la communauté. Les ouvrages qui dorment dans les placards et les étagères pourraient ainsi retrouver une seconde vie au sein de la bibliothèque, offrant ainsi un accès élargi à une variété de lectures pour tous les habitants.

Enfin, cet appel d'offres de dons de livres constituerait une opportunité pour renforcer le sentiment d'appartenance des citoyens à leur futur lieu culturel. En contribuant activement à l'enrichissement du fonds documentaire, chaque habitant aurait l'occasion de se sentir investi dans la création et le développement de ce nouvel espace communautaire.

En somme, l'organisation d'un appel d'offres de dons de livres par la mairie représente une stratégie innovante et inclusive pour bâtir une bibliothèque municipale florissante à partir des ressources existantes au sein de la communauté. Mais il n'est pas question de se limiter à la communauté, sinon certaines n'auront certainement pas des retours consistants. On fait allusion notamment a certainement communautés rurales et enclavée. Il devient alors intéressant de réaliser cet appel d'offres de dons de livres à une communauté plus large comme les ressortissants qui vivent à l'extérieur de la communauté.

4. Mobilisation des forces vives de la communauté pour concrétiser le rêve d'une bibliothèque municipale

La mobilisation des différentes associations et groupes communautaires revêt une importance capitale pour la concrétisation de ce projet de bibliothèque municipale. En mettant en avant le potentiel de ces acteurs locaux à contribuer au projet, que ce soit par des dons de livres ou des contributions financières modestes, il est possible de créer un élan collectif durable en faveur de la culture et de l'éducation au sein de la communauté.

Les associations locales, qu'elles soient culturelles, éducatives ou sociales, possèdent un capital social et culturel précieux qui peut être mis à profit pour enrichir la future bibliothèque municipale. En les invitant à participer activement au projet, la mairie peut encourager ces associations à mobiliser leurs membres pour collecter des dons de livres, organisant ainsi des campagnes de collecte au sein de leurs réseaux respectifs.

De même, en soulignant l'importance de leur contribution financière modeste, la mairie peut inciter les associations et groupes communautaires à apporter leur soutien financier au projet. Ces contributions modestes, rassemblées et coordonnées, peuvent constituer une source de financement complémentaire pour l'aménagement et l'enrichissement de la bibliothèque municipale, démontrant ainsi l'engagement collectif en faveur de ce lieu culturel essentiel.

En encourageant la participation active des associations et groupes communautaires, la mairie peut non seulement bénéficier du soutien matériel et financier nécessaire à la concrétisation du projet, mais également renforcer les liens sociaux au sein de la communauté. La bibliothèque municipale deviendrait ainsi le fruit d'une collaboration collective, reflétant les valeurs d'entraide et d'engagement propres à la vie locale.

En somme, en mettant en avant le potentiel des différentes associations et groupes communautaires pour contribuer au projet, que ce soit par des dons de livres ou des contributions financières modestes, la mairie peut susciter un engagement authentique et inclusif en faveur de la bibliothèque municipale, transformant ainsi ce lieu en un symbole vivant du dynamisme culturel et social de la communauté.

5. Importance des petites contributions pour concrétiser le rêve d'une bibliothèque municipale

Il est crucial de souligner l'impact positif même des petites contributions sur la création d'une bibliothèque municipale. Chaque don de livre, chaque contribution financière modeste a le potentiel de jouer un rôle significatif dans la concrétisation de ce projet culturel et éducatif au sein de la communauté.

Les petites contributions, qu'elles proviennent d'individus ou d'associations locales, sont des maillons essentiels dans la chaîne de solidarité visant à doter la municipalité d'une bibliothèque accessible et enrichissante. Chaque livre offert ajoute une œuvre à la collection, élargissant ainsi les horizons intellectuels des lecteurs potentiels. De même, chaque contribution financière, aussi modeste soit-elle, contribue à l'aménagement et à l'équipement de la bibliothèque, démontrant ainsi l'engagement et le soutien concrets de la communauté envers ce projet.

En mettant en lumière l'impact cumulatif de ces petites contributions, la mairie peut encourager un sentiment d'appartenance et de fierté au sein de la communauté. Chaque acteur contribuant, à sa mesure, à la réalisation de la bibliothèque municipale devient un partenaire actif dans la construction d'un lieu culturel et éducatif essentiel pour les générations présentes et futures.

La reconnaissance publique de ces petites contributions renforce le tissu social local en valorisant l'engagement citoyen à tous les niveaux. Chaque donateur, qu'il s'agisse d'un individu ou d'une association, devient un ambassadeur du projet, suscitant ainsi l'adhésion et l'intérêt croissant pour cette initiative collective.

En somme, il est primordial de souligner l'impact positif des petites contributions sur la création d'une bibliothèque municipale, car c'est ensemble que ces modestes gestes façonnent un environnement culturel riche et inclusif au cœur de la communauté. Chaque apport, aussi modeste soit-il, est une pierre précieuse dans l'édification de ce lieu emblématique qui témoigne du dynamisme et de la générosité des habitants.

6. Une bibliothèque, un investissement pour l'avenir

La présence d'une bibliothèque municipale est un impératif pour toute communauté. Au-delà d'être une banque de la connaissance, c'est aussi un lieu de rassemblement pour le partage intellectuel et un pillier pour le renforcement des compétences professionnelles des jeunes. Et si jusqu'ici les finances pouvaient représenter une barrière à sa concrétisation, nous avons constaté que la mobilisation communautaire peut changer la donne de manière innovante. Il suffit de sensibiliser la communauté à la nécéssité d'une bibliothèque municipale en tant que lieu de savoir, d'éducation, et de culture. En mettant en avant l'engagement de la communauté, en soulignant comment chaque petite contribution, qu'elle soit matérielle ou financière, contribue à façonner un projet significatif. Nous exprimons l'espoir, pour chaque communauté qui s'engage dans cette voie, que cette mobilisation renforce les liens sociaux et éducatifs au sein de la municipalité, créant ainsi un héritage culturel durable pour les générations à venir.

Chapitre 5. Renforcement des compétences professionnelles des jeunes

1. L'importance des compétences professionnelles pour l'employabilité

L'entrée dans le monde professionnel représente un moment crucial dans la vie des jeunes, et le développement de compétences professionnelles solides revêt une importance capitale pour leur réussite future. En effet, acquérir des compétences techniques et pratiques, ainsi que développer des aptitudes transversales, est essentiel pour favoriser l'employabilité des jeunes dans un marché du travail en constante évolution.

Ce chapitre se focalise sur l'exploration de différentes stratégies visant à renforcer les compétences professionnelles des jeunes, en mettant l'accent sur des approches concrètes et accessibles. En effet, le développement de ces compétences ne devrait pas être réservé à une élite ou dépendant de ressources financières importantes. Au contraire, il s'agit de mettre en valeur des initiatives pratiques et inspirantes qui peuvent être mises en œuvre au sein des communautés locales, même avec des moyens limités. Les exemples concrets de ce chapitre se concentreront sur les jeunes qui ont interrompu leur scolarité prématurément pour diverses raisons. Des situations familiales difficiles, une mauvaise insertion scolaire, etc. Les réarmer professionnellement aura pour effet de leur redonner confiance en eux, pour se lancer sereinement, devenir autonome et apporter leur contribution à la communauté. Leur nombre élevé ne pose pas de problème. D'ailleurs, on se plaint déjà du nombre croissant des jeunes qui suivent une formation initiale ou universitaire qui ne répond pas aux exigences du marché du travail. Un phénomène qui persiste malgré les alertes lancées par plusieurs décideurs dont l'un des plus crédibles, du fait de son expérience dans les questions d'emploi, est certainement le Directeur général du FNE qui préconise que "les systèmes de formation initiale, universitaire, professionnelle, ou autre, seront prioritairement élaborés pour fournir au marché du travail, des ressources humaines aptes à soutenir la production des biens et services[1]".

---

[1] Camille, Moutè à Bidias. (2009). *L'emploi en Afrique au Sud du Sahara : Que faire ?* Yaoundé: IFRIKIYA. Page 75.

En outre, ce chapitre souligne l'importance du développement de compétences professionnelles pour l'épanouissement personnel des jeunes. En acquérant des compétences pertinentes et en se sentant préparés à intégrer le monde du travail, les jeunes sont mieux armés pour envisager leur avenir professionnel avec confiance et optimisme. Les études ne sont peut-être pas une condition pour réussir professionnellement dans la vie, mais c'est un atout non négligeable pour avoir la confiance en soi nécessaire et devenir compétitif dans la société.

Ainsi, ce chapitre s'attache à démontrer que le renforcement des compétences professionnelles chez les jeunes est non seulement un investissement dans leur avenir personnel, mais aussi un levier essentiel pour dynamiser l'économie locale et favoriser le développement durable de la communauté. Nous allons d'abord commencer par contextualiser le cadre d'étude de ce chapitre en révélant déjà le profil des jeunes dont il est question. Même si dans la réalité, l'on peut généraliser à tous les jeunes d'une communauté donné. Ensuite nous allons explorer tour à tour les programmes d'apprentissages pratiques, des stages et d'opportunités de travail dans les domaines pertinents pour les jeunes. Ensuite nous allons mettre en évidence l'importance du développement de compétences techniques et professionnelles spécifiques à travers des formations et des ateliers spécialisés. Puis nous allons discuter sur l'impact positif du mentorat et de l'encadrement par des professionnels. Enfin nous allons passer en revue l'histoire inspirante de jeunes ayant bénéficié d'un renforcement de leurs compétences professionnelles et ayant réussi dans leur carrière.

2. Les défis de l'inadéquation entre formation et emploi

Tout le monde, un jour, a rencontré un jeune qui a dû stopper brutalement ses études à cause de la brusque disparition de ses parents. Lorsque l'on observe leurs parcours dans les années qui suivent, le premier constat est qu'ils manquent de confiance nécessaire pour poursuivre leur rêve d'origine qui dépendait fortement du succès de leurs scolarités et leurs entrée brillante dans le monde du travail. S'ils ont du soutien, celui-ci vient souvent de quelques parents éloignés qui l'apportent en soulignant son côté, ‘‘vaut mieux ceci que rien’’. Peut-être est-ce un petit commerce de survie, un concours pour un métier de laisser pour compte, une formation dans un ‘‘petit métier’’. Moral abattu, ils commencent alors à mener une vie résignée à l'extrême. Ils se contentent de peu. Ils se contentent de ‘‘ce que Dieu leur donne’’. Ils n'osent pas voir plus loin. Même si au plus profond d'eux ils continuent à caresser le rêve de prospérité propre à chaque jeune. Rien qu'à y penser, ils se reprochent d'imposture.

Quoique l'on prend en exemple le cas de ces jeunes qui ont stoppé leurs scolarités très tôt à cause du décès de leurs géniteurs, ce profil est bien plus courant dans la société qu'on ne peut l'imaginer. C'est le cas des jeunes filles qui sont contraintes de stopper l'école à cause d'une grossesse précoce. C'est aussi le cas des ‘‘enfants difficiles'' – handicapés moteurs et autre forme de handicap - qui demanderait un suivi particulier. Mais qui vivent dans des communautés qui ne se donnent pas les moyens de s'en préoccuper. Sans oublier les plus nécessiteux que le système scolaire discrimine sournoisement.

Dans une communauté donnée, ces jeunes représentent une grande partie de la population. Et la plus grande partie d'ailleurs une fois que l'on y ajoute ceux qui ont brillamment achevé leurs études et qui n'ont pas accès à un emploi du fait de l'inadéquation formation-emploi. Dès lors ils existent trois voies qu'ils vont emprunter. La première, vivre une vie résignée. Se contenter de peu. La seconde, oser coûte que vaille à réaliser leurs rêves de prospérité. Même si pour cela il faut côtoyer le grand banditisme, la criminalité, la prostitution. La troisième voie, oser rêver et réaliser grand. Bien évidemment il va sans dire que cette troisième voie est peu fréquentée. Dans ce contexte, on s'intéresse à proposer des solutions permettant aux autorités locales d'amener les jeunes ayant choisi les deux premières voies à emprunter la troisième à la place. Mieux encore, nous allons fixer les jalons qui permettront aux jeunes qui se retrouvent en difficulté, à un moment donné de leur vie, à emprunter directement la troisième voie.

3. Approches locales pour développer les compétences professionnelles

Que peut faire une municipalité pour accompagner les jeunes ayant abandonné très tôt leur scolarité ? Est-ce qu'il n'est pas judicieux pour une municipalité de penser à mettre sur pied un programme spécifique pour répondre à ce besoin ? Faut-il attendre des années plus tard que ces jeunes deviennent des indigents dont on prétendra faire des collectes pour les aider avec des produits de première nécessité ? Ou pire qu'ils deviennent des délinquants qui font vivre les populations dans la peur et faire appel aux forces de maintien de l'ordre pour éradiquer ce ‘‘fléau'' que nous avons pourtant vu naître ? Ce fléau dont nous sommes les complices de la naissance ? Ce fléau que nous avons contribué à voir naître du fait de notre immobilisme ?

Une première piste serait d'offrir des subventions qui permettent de scolariser les jeunes. Mais il se pose deux problèmes. D'abord le problème du financement et puis le fait que certains jeunes ont décidé par eux-même d'arrêter les études à cause des résultats décevants[1]. Ces derniers sont désireux de se lancer immédiatement dans la vie active. Et le système n'ayant pas prévu ce genre de scénario, ils se retrouvent généralement dans la rue, prêt à effectuer toutes sorte de tâches. En plus pour joinder les deux bouts, ils sont généralement ouverts à exécuter des activités criminelles. Ce qui nous oblige à laisser d'abord la question du financement pour explorer la faisabilité d'un projet d'insertion de tous ces jeunes dans la communauté.

Imaginons un appel à compétences de tous les jeunes désoeuvrés d'une communauté donnée. Ils sont recensés par la mairie en vue de recevoir une formation professionnelle puis d'être intégré dans le monde professionnelle. Chacun dans un domaine de compétences spécifiques et utile pour la communauté. Étant donné les coûts de financement d'un tel projet, la mairie réfléchis à faire en sorte que le projet puisse s'autofinancer. L'objectif principal du projet est que les jeunes ne soient pas désoeuvrés, sans abris au point de déambuler dans les rues et de devenir une menace permanente à la sécurité des usagers et de leurs biens. De ce fait, une fois formé ou pendant la formation, les jeunes auront acquis une compétence qui leur permettra de contribuer favorablement et financièrement au projet le temps que va durer la formation. Puis grâce aux compétences acquises, ils seront capables de se prendre en charge eux-mêmes dans la vie active. Ce projet défini la création d'une **école professionnelle communautaire locale**.

Les jeunes sont formés autour d'un projet pratique et générateur de revenus. Les formateurs sont des bénévoles de la communauté. La seule grande dépense sera bien évidemment la mise en place des comodités appropriés. Des salles de fortune, des meubles de fabrications locales, du matériel didactique minimum. Mais pour les promotions à venir, ce matériel sera acquis grâce au revenu généré par les anciennes promotions et les fonds levés au sein de la communauté. Mais avant d'arriver à ces promotions futures, explorons la voie du financement de

[1] Diagne A. (2010). Pourquoi les enfants africains quittent-ils l'école ? Un modèle hiérarchique multimonial des abandons dans l'éducation primaire au Sénégal. L'actualité économique, 86(3), pp. 319-354. Consulté sur https://doi.org/10.7202/1003526

démarrage. Envisager une levée de fonds à l'extérieur de la communauté est souvent un blocage où bute plusieurs communautés. Les ONG, les institutions internationalles sont souvent débordés et parfois réticentes à s'engager tant que rien de concret n'est déjà démarré. Ceci à cause de nombreux antécédents négatifs. Il conviendrait donc d'envisager un démarrage sans apport externe à la communauté afin de généraliser cette stratégie pour qu'elle puisse s'appliquer à toutes les communautés. Pour cela, rergardons une municipalité quelconque et trouvons simplement au sein de cette communauté où se trouve les fonds que les membres sont prêts à consacrer pour assurer une formation de qualité à leur propre progéniture. Sans compromettre leur ambition, nous verrons comment optimiser ces fonds pour assurer la formation de tous les jeunes.

Nous sommes d'accord pour dire qu'il se pose un problème dans la pluspart des communautés dans l'Afrique ''moderne''[1]. Des jeunes promus à un avenir brillant qui voient leur rêve brisé à cause du décès ou d'une quelconque incapacité de leurs parents. Pourtant nous sommes tous conscient que l'Afrique a un modèle de developpement axé sur l'aide communautaire[2][3]. Et dans l'Afrique moderne, cette aide communautaire se fait essentiellement à travers les associations. À en juger par la place qu'occupe ces dernières dans la vie socio-économique[4]. Et dans chaque communauté, les bases d'une telle solidarité pour l'éducation ont été fixé. Au Cameroun c'est généralement à travers des Associations de Parents d'élèves. Et effectivement chaque établissement scolaire est doté d'une Association des Parents d'Elèves (APE)[5]. Chaque apprenant capable paie une cotisation durant chaque année scolaire. L'argent ainsi collecté permet alors de résoudre plusieurs problèmes dans la vie de l'étalissement le

---

[1] Par opposition à l'Afrique post-coloniale.

[2] Moutè à Bidias Camille. (mai 2009). *L'emploi en Afrique au Sud du Sahara : Que faire ?*. Yaoundé : Editions IFRIKIYA. page 95.

[3] Kamdem, E. (2021). Entrepreneuriat et sciences sociales en Afrique. Management international/International Management/Gestion Internacional, 6(1).

[4] Séverin Cécile Abéga et Noël Solange Ngo Yebga, << La prise en charge de la santé par les associations du quartier Biyem Assi (Yaoundé)>>, Bulletin de l'APAD [En ligne], 21 | 2001, mis en ligne le 12 avril 2007, consulté le 08 septembre 2020. URL : http://journals.openedition.org/pas/97 ; DOI : http://doi.org/10.4000/apad.97

[5] Sémas BLEGNE. (2016, 22 octobre). Cameroun, quand les Associations de Parents d'Elèves prennent le relai de l'Etat. Consulté sur https://www.mediaterre.org/education/exportactu,20161022185345,6.html

long de l'année scolaire. Payer les personnels temporaires en cas de pénurie d'enseignants, construire des batiments au besoin, mais aussi et le plus oublié, venir en aide aux élèves prometteurs mais dont les parents sont dans l'incapacité de poursuivre le paiement de la scolarité. Ce qui peut remettre en question ce modèle de solidarité. Aujourd'hui ces associations ne se distinguent plus dans la promotion de l'excellence en offrant des prix ou des bourses aux apprenants qui se sont distingués. Bien évidemment, étant donné qu'il s'agit d'une association, dans chaque communauté les membres peuvent définir les objectifs pertinents pour répondre à leurs propres problèmes jugés prioritaire.

Mais le constat général est triste. Dans la quasi majorité des communautés dans lesquelles se trouvent les établissements scolaires, les frais d'APE ne servent même pas de moitié aux besoins de la communauté. Il est triste de visiter un établissement de plus de 500 élèves qui collecte 15.000 frs cfa par apprenants et qui, sur cinq années consécutives est incapable de se construire une seule salle de classe. S'offrir une salle d'informatique évolutive. C'est-à-dire même commencer par 3 ordinateurs et améliorer l'offre au fil des années. Pire encore les personnels temporaires sont payés au rabais, souvent bien moins que le SMIC et cumulent plusieurs aérés chaque année qui au final ne seront pas soldés. Dans certains établissements c'est même déjà *officiel*, l'on sait qu'à partir du mois d'avril les personnels temporaires n'ont plus de remunération. Bien évidemment si l'on va visiter les rapports de gestions des frais d'APE d'un tel établissement, il est évident que les chiffres sont gonflés, aussi bien le nombre de personnel que le salaire mensuel. Bien sûr il n'est pas question d'aérés de salaire dans ces rapports. On pourrait reprocher à ce personnel temporaire de ne pas revendiquer ses droits mais c'est sans oublier que la demande influence l'offre. Il faut garder son calme pour assurer sa place l'année suivante. Pour avoir une place dans les examens officiels de fin d'années et espérer recevoir les primes de misères offertes à crédit pour la circonstance. On pourrait écrire un livre sur le sujet mais ceci n'est pas l'objectif ni le sujet traité ici. Il est juste bon de soulever ce sujet afin de rappeler que ces communautés qui sont dans le besoin ont quand-même à leur disposition beaucoup d'argent qu'elles ont elles-mêmes collectées au prix de leurs efforts. Il est donc important que cela leurs soient bénéfiques.

L'exécutif municipal ayant la principale fonction de travailler au bien-être de sa population devra donc avoir un regard sur le droit des aprenants dans tous les établissements scolaires de sa zone de compétences, qu'ils soient privés ou publics. Dommage que très peu d'acteurs ne s'en mêle. Comme le décriait déjà le Centre de Promotion des Valeurs Africaines (CEPROVA)[1]. La municipalité est là pour défendre le droit de ses citoyens. Un établissement scolaire qu'il soit publique ou privée doit s'assurer de respecter les principes élémentaires pour éviter tout abus comme c'est souvent le cas. Ceci passe par une ingérance dans la gestion des frais d'APE de la communauté et le cas échéant d'une sensibilisation massive et une mobilisation des forces vives de la communauté.

D'ailleurs il faut souligner que ces abus vont même plus loin que la mauvaise gestion des frais d'APE. Il peut s'agir d'une exclusion de certains apprenants sous un simple coup de tête du chef d'établissement sans respecter le protocole. Ou le recrutement des apprenants monnayant une commission qui n'est pas à la portée de tout le monde. Prévénir de tels abus qui constituent la protection des populations est importantes parce que ceci réduira à la longue le nombre de jeunes dans la rue que le système scolaire a sournoisement écarté.

Par ailleurs l'exécutif municipal pourrait aller plus loin en incitant les associations diverses qui existe au sein de sa municipalité pour s'impliquer. Généralement ces associations utilisent une partie de leur épargne pour faire des dons à la communauté. Les prix aux élèves, les produits de premières nécéssités dans les orphelinats. Plaider auprès de ces associations locales pour qu'elles contribuent à la création d'une école de formation professionnelle communautaire est une approche qui vaut la peine d'être explorée.

Donc en s'assurant d'une bonne gestion des frais d'APE, siégeant au conseil de ces établissements, l'exécutif municipal prévient les cas sociaux dans sa communauté. En ajoutant à cela une implication de toutes les forces vives de la communauté comme les associations, il sera possible d'offrir des salles de classes, des équipements, un personnel remunéré justement, l'installation d'une source d'énergie alternative évolutive dans le temps. En cinq années, on verrait des avancées considérables. Ces fonds au final pourraient permettre de subventionner les plus nécessiteux qui ont brillé et qui ont besoin d'être soutenu. À travers un programme des bourses scolaires par exemple. À travers des

[1] Pierre Arnaud NTCHAPDA. (2021, 23 juillet). Cameroun – Gouvernance : Des responsables d'Associations des Parents d'Elèves (APE) formés à une meilleure gestion des ressources financières. Consulté sur http://www.cameroon-info.net/article/cameroun-gouvernance-des-responsables-dassociations-des-parents-deleves-ape-formes-a-une-meilleure-gestion-403206.html

prix annuels pour les élèves brillants. L'objectif étant de stimuler un engagement envers les études chez les apprenants qui sont démotivés année après année. En effet un parent sait qu'en travaillant plus dur, il peut offrir une meilleure éducation à sa progéniture, s'offrir une belle maison, une belle voiture. Et ceci tant à le motiver dans sa tâche quotidienne. Mais quelle est la motivation d'un apprenant qui évolue dans une communauté dans laquelle il n'y a aucune distinction entre les plus brillants et les médiocres ? Ces fonds au final permettent aussi de soutenir les initiatives de formation dans toute la communauté. Comme l'ajout des ateliers spécialisés et des salles supplémentaires qui seront utiles aussi bien à l'établissement d'enseignement formel qu'à notre établissement professionnel communautaire.

À présent que nous avons fixé le cadre qui permet d'offrir une formation professionnelle à toutes les catégories de jeunes d'une communauté donnée, nous pouvons aisément explorer les programmes d'apprentissage pratique, de stages et d'opportunités de travail dans des domaines pertinents pour eux.

4. Apprentissage pratique : Exploration de programmes d'apprentissage pratique, de stages et d'opportunités de travail dans des domaines pertinents pour les jeunes.

Nous avons à présent dans notre communauté une école professionnelle ouverte à tous les jeunes exclus du système scolaire formel. Un centre dans lequel tout le monde peut apprendre un métier gratuitement et être utile à la communauté tout en se prenant à main. Une école qui offrira un programme de formation variée à ces jeunes selon leurs âges. Il s'agira de leur donner une bonne orientation professionnelle. C'est pourquoi dès le départ il sera question pour tous de passer par l'étape de l'exploration des programmes d'apprentissage pratique offerts. Ainsi que des opportunités de travail que cela implique.

Les jeunes qui sont en âge de travailler seront encouragés à suivre une formation pratique qui leur permet d'acquérir des compétences professionnelles directement applicables sur le marché du travail. Une orientation professionnelle leur permettra à chacun de choisir un métier de son choix dans les domaines vraiment pertinents mis à leur disposition. Il s'agira de mettre en avant des programmes novateurs qui offrent aux jeunes la possibilité d'acquérir une expérience significative dans les secteurs tels que la technologie, l'artisanat, les services à la personne et bien d'autres domaines pertinents pour l'économie locale. Il s’agit entre et autre de couture, mécanique, agriculture, électricité, etc.

Tous suivront des cours de réarmement civique. La municipalité pourra collaborer dans ce cas avec des experts du ministère de la jeunesse qui sont généralement détachés dans tous les arrondissements. Parallèlement, des ateliers sur la gestion financière seront proposés aux jeunes participants, afin de renforcer leur compréhension des aspects financiers liés au monde du travail. Ces initiatives visent à préparer les jeunes à leur future carrière en leur offrant des opportunités concrètes d'apprentissage pratique et professionnel.

La municipalité devrait recencer toutes les entreprises de la localité et envisager de collaborer avec elle en plaçant en stage tous les apprenants sous sa responsabilité. Ceci serait doublement avantageux pour ces entreprises. Elles bénéficieront d'une main d'oeuvre temporaire et auront en plus une imposition avantageuse.

Les stages constituent une étape cruciale dans le parcours des participants, car ils leur offrent l'opportunité de se confronter à des situations réelles, de travailler en équipe et d'interagir avec des professionnels du secteur. C'est également l'occasion pour eux de se familiariser avec les différentes facettes de l'entrepreneuriat et de développer leur réseau professionnel.

Pour ceux des jeunes qui ne sont pas encore en âge de travailler, ils suivront une formation initiale plus variées en enseignement technique et pratique. Le temps pour eux de se découvrir une passion qui déterminera le choix du métier à choisir.

Dans le cadre de ce projet novateur axé sur l'autonomisation des jeunes, une exploration approfondie des programmes d'apprentissage pratique, des stages et des opportunités de travail dans des domaines pertinents joue un rôle clé. En offrant aux participants la possibilité d'acquérir des compétences pratiques directement applicables sur le terrain, ce programme vise à favoriser leur développement personnel et professionnel.

Les programmes d'apprentissage pratique permettent aux jeunes de mettre en pratique les connaissances théoriques acquises lors des sessions de formation en gestion d'entreprise et dans des filières majeur prise globalement tels que l'agriculture, la technologie, l'artisanat. Ces expériences concrètes les aident à renforcer leurs compétences techniques, à développer leur sens de l'initiative et à se familiariser avec les réalités du monde du travail

Enfin, les opportunités de travail dans des domaines pertinents offrent aux jeunes la possibilité de mettre en pratique leurs compétences nouvellement acquises et de contribuer activement au développement économique de leur communauté. En s'impliquant dans des projets concrets et en relevant des défis professionnels, les participants sont amenés à se dépasser et à cultiver un véritable esprit d'entrepreneuriat.

En intégrant ces différents éléments d'apprentissage pratique dans le cadre du projet, les jeunes sont non seulement préparés à réussir sur le plan professionnel, mais aussi à devenir des acteurs engagés et responsables au sein de leur communauté.

Pour les jeunes déscolarisés ou qui n'ont jamais suivi de formation, l'exploration de programmes d'apprentissage pratique, de stages et d'opportunités de travail revêt une importance encore plus cruciale. Ces jeunes se trouvent souvent en situation de vulnérabilité sur le marché du travail, et ces expériences pratiques peuvent représenter un tremplin essentiel vers l'emploi et l'autonomie.

Les programmes d'apprentissage pratique offrent à ces jeunes la possibilité d'acquérir des compétences concrètes et directement applicables dans des domaines variés. En participant à des projets pratiques, à des ateliers de formation ou à des missions professionnelles, ces jeunes peuvent découvrir de nouvelles opportunités, développer leurs compétences et renforcer leur confiance en eux.

Regardons cette belle histoire inspirante et pleine de résilience de Madzou Moukassa. Un jeune congolais au parcours semé d'embûches qui a su transformer les épreuves de sa vie en une success story inspirante. Pourtant son chemin vers le succès n'a pas été sans embûches[1].

Né dans une famille difficile et ayant connu l'abandon et la rue, Madzou a trouvé sa passion pour la cuisine malgré des défis personnels à surmonter. Grâce au Projet de développement des compétences pour l'employabilité (PDCE), il a pu bénéficier de formations gratuites en cuisine et en gestion entrepreneuriale.

Après des débuts modestes avec sa propre enseigne culinaire, Madzou a su rebondir et transformer son entreprise en un institut de formation professionnelle en hôtellerie. Sa détermination et son talent l'ont mené à innover en créant un vin à base d'oseille de Guinée,

[1] Banque mondiale. (2023, 10 mai). Chef Madzou Moukassa, le goût de la réussite. Consulté sur https://www.banquemondiale.org/fr/news/feature/2023/05/10/chef-madzou-moukassa-a-taste-for-success

rencontrant un succès inespéré. Son vin se consomme même dans les milieux les plus aisés de Brazzaville.

Regardons aussi le parcours de cet autre jeune qui a suivi la formation du PDCE. Il s'agit de Nzingoula Delaunay, un jeune passionné d'électricité domotique, a vu son rêve de poursuivre sa formation en électricité ravivé grâce à l'annonce du PDCE. Malgré la saturation de la section, il s'est tourné vers l'aviculture et a su fusionner ses deux passions. En fabriquant lui-même des équipements avicoles avec du matériel de récupération, il a rapidement développé son activité[1].

L'analyse qu'on peut faire de ce dernier cas est qu'il est inspirant de voir comment Nzingoula Delaunay a su transformer son rêve initial en une réalité florissante malgré les obstacles qu'il a rencontrés en cours de route. Déjà formé en domotique, il aurait pu s'entêter et ne pas explorer d'autres programmes d'apprentissage pourtant disponible. Mais non, il s'est donné à fond et en plus d'exceller en élevage, il a su tirer profit de ses compétences initiales pour faire la différence. Sa détermination et sa créativité sont des qualités admirables qui ont non seulement contribué à son propre succès, mais ont également ouvert la voie à d'autres jeunes aviculteurs. Puisqu'il aide d'autres aviculteurs avec ses équipements innovants.

Nzingoula Delaunay incarne parfaitement l'esprit d'initiative et de persévérance que l'apprentissage pratique peut inculquer aux jeunes. Son histoire illustre de manière poignante comment les opportunités de formation et d'expérience concrète peuvent non seulement développer des compétences professionnelles essentielles, mais aussi stimuler l'entrepreneuriat et l'innovation au sein des communautés.

En présentant le parcours de ces jeunes, c'est une façon pour nous de mettre en lumière des exemples concrets et inspirant des retombées positives de l'apprentissage pratique sur la vie des jeunes et sur le dynamisme économique local. Notre souhait est que ces histoires servent d'inspiration aux décideurs mais aussi aux jeunes en quête de

[1] Banque mondiale. (2023, 19 décembre). Nzingoula Delaunay à l'école des poules pondeuses. Consulté sur https://www.banquemondiale.org/fr/news/feature/2023/12/19/an-education-in-poultry-farming-for-nzingoula-delaunay

motivation et de modèles à suivre dans toutes les communautés au Cameroun.

Cette exploration initiale permet aux jeunes de se familiariser avec le monde du travail, d'acquérir une première expérience pratique et de découvrir leurs intérêts et aptitudes. Une fois cette phase d'exploration réalisée, il est essentiel de passer à l'étape suivante qui consiste à développer des compétences techniques et professionnelles plus approfondies.

5. Développement de compétences techniques : Mise en évidence de l'importance du développement de compétences techniques et professionnelles spécifiques à travers des formations et des ateliers spécialisés

Le développement de compétences techniques et professionnelles spécifiques revêt une importance cruciale pour les jeunes déscolarisés ou non en quête d'opportunités d'apprentissage et d'insertion professionnelle. En se spécialisant à travers des formations et des ateliers spécialisés, ces jeunes peuvent acquérir les compétences pratiques et théoriques nécessaires pour s'épanouir dans des domaines spécifiques et prometteurs.

Les formations spécialisées offrent aux jeunes l'occasion d'approfondir leurs connaissances, de perfectionner leurs compétences techniques et de se familiariser avec les exigences du marché du travail dans des secteurs précis tels que la technologie, l'artisanat, la santé, ou encore le commerce. En suivant ces formations, ils ont la possibilité de développer une expertise pointue, recherchée par les employeurs et valorisée sur le marché de l'emploi.

Afin de répondre à ce besoin crucial, la municipalité s'engage à mettre en place des formations spécialisées et des ateliers visant à renforcer les compétences techniques des jeunes dans des domaines spécifiques.

Les ateliers spécialisés constituent également un moyen efficace pour les jeunes déscolarisés de mettre en pratique leurs compétences techniques, de perfectionner leur savoir-faire et de se confronter à des situations professionnelles concrètes. Ces espaces d'apprentissage pratique leur permettent de renforcer leur autonomie, leur créativité et leur capacité à résoudre des problèmes complexes, tout en bénéficiant de l'encadrement et des conseils d'experts du domaine.

En développant des compétences techniques et professionnelles spécifiques à travers des formations et des ateliers spécialisés, les jeunes déscolarisés augmentent significativement leurs chances d'intégrer le marché du travail, de s'épanouir dans leur carrière et de contribuer activement au développement économique et social de leur communauté. Ces compétences spécialisées constituent un véritable tremplin vers l'employabilité et la réussite professionnelle.

Par exemple dans le cadre du projet sur les plantations communales abordé dans le premier chapitre de ce livre et visant à renforcer les capacités des jeunes entrepreneurs agricoles, le développement de compétences techniques occupe une place centrale. Il ne s'agit pas d'un simple désir d'occuper les jeunes oisifs. L'objectif est de les perfectionner sur le plan technique et professionnel pour les préparer efficacement aux défis du secteur agricole et entrepreneurial en constante évolution.

Les formations spécialisées offertes dans le cadre du projet permettent aux jeunes de se familiariser avec les dernières pratiques agricoles, les techniques de gestion des cultures et les innovations technologiques dans le domaine. En participant à des sessions de formation animées par des experts du secteur, les jeunes acquièrent des compétences pointues et actualisées qui sont directement applicables à leurs activités agricoles.

Les ateliers spécialisés constituent quant à eux une plateforme d'apprentissage interactive où les participants ont l'opportunité de mettre en pratique leurs connaissances nouvellement acquises. Ces sessions pratiques leur permettent de perfectionner leurs compétences techniques, de résoudre des problèmes concrets et d'échanger des bonnes pratiques avec leurs pairs.

En mettant l'accent sur le développement de compétences techniques et professionnelles spécifiques, le projet vise à doter les jeunes entrepreneurs agricoles des outils nécessaires pour prospérer dans un environnement concurrentiel. En cultivant un savoir-faire solide et en encourageant la recherche constante d'excellence, les participants sont mieux préparés à relever les défis et à saisir les opportunités qui se présentent dans le secteur agricole.

En intégrant ces aspects clés de développement des compétences techniques dans le projet, les jeunes entrepreneurs sont non seulement outillés pour réussir sur le plan individuel, mais aussi pour contribuer de manière significative au développement durable de leur communauté et de leur secteur d'activité.

Des programmes de formation professionnelle seront élaborés en collaboration avec des experts locaux, permettant aux jeunes d'acquérir des compétences techniques pertinentes dans des domaines tels que la menuiserie, la plomberie, la programmation informatique, la maintenance automobile, l'agriculture, etc. Ces formations seront conçues pour offrir aux jeunes une expertise pratique et spécialisée, répondant aux besoins du marché du travail local.

Parallèlement, des ateliers spécialisés seront organisés pour permettre aux jeunes d'approfondir leurs compétences dans des domaines spécifiques. Ces ateliers offriront un environnement d'apprentissage interactif où les jeunes pourront acquérir une expertise pratique tout en bénéficiant de conseils d'experts.

En mettant l'accent sur le développement de compétences techniques et professionnelles spécifiques, ces initiatives visent à préparer les jeunes à une carrière réussie en leur fournissant les outils nécessaires pour exceller dans des domaines professionnels spécialisés.

Par exemple en formant des jeunes sur les pratiques de gestion d'eau potable, ils acquièrent des compétences qui leur permettent de participer à la création des points d'eau potable dans la communauté. La création des forages dans les établissements quelconques ou pour des immeubles. La création d'entreprise de mise en conditionnement artisanale d'eau minéralisée ou d'eau minérale. Entreprise qui peut trouver un marché au-delà de la municipalité.

En formant des jeunes sur la création des logiciels et applications informatiques, on verra à terme des logiciels pour la résolution des problèmes propres aux entreprises de la communauté : mairie, établissements scolaires, microfinance. Mais aussi des applications de jeux et autres divertissements qui verront un marché au-delà mêmes de la municipalité.

En formant des jeunes en agriculture et en transformation agroalimentaire, nous verrons naître bientôt des entreprises de transformation des produits issus des plantations. Réduisant à néant le gaspillage des produits locaux faute de moyens de conservation.

En formant des jeunes en mécanique et dans d'autres domaines d'ingénierie, on verra naître des prototypes de machines visant à faciliter la tâche de certains procédés au quotidien. Un ensemble de mécanique et d'électrotechnique pourra mettre sur pied des procédés innovant de conservation et de séchage de cacao, de café, de maïs, d'arachide, de farine de manioc même durant les périodes pluvieuses. Déjà à travers les réseaux sociaux nous pouvons apercevoir de tel exploits qui sont à féliciter. Malheureusement de tels exploits sont souvent accompagné de discours défaitiste sur le manque d'accompagnement des gouvernements africains. Il est clair que si ces jeunes avaient suivi une formation dans une de ces écoles communautaires ou une bonne formation entrepreneuriale, ils auraient compris que le plus dur n'est pas de mettre sur pied un prototype mais de le vendre. À un marché ou à un investisseur par exemple. De faire décoller le projet. De n'en vouloir à personne, même pas au gouvernement de ne pas les accompagner de la façon dont il le souhaite. Mais ils auraient compris que le chemin pour arriver à séduire le marché, un investisseur ou même l'appui du gouvernement est bien périlleux et l'issue incertaine. Le préalable pour assumer l'issue quelqu'elle soit. D'ailleurs dans une localité de la région de l'Adamaoua où j'ai eu à séjourner, une légende se répandait dans tous les débits de boissons. Celle d'un homme qui prenait plaisir, chaque fois qu'il gagnait de l'argent, à monter un prototype de voiture. Pas de douten toute sa communauté s'accordait à dire qu'il était brillant. Cependant il se plaisait à circuler avec son véhicule dans la communauté et de récolter les éloges pour son génie. Mais dans l'ensemble les observateurs étaient partagés en deux groupes. Les premiers pensaient que c'était là un génie que le gouvernement laissait dépérir faute d'accompagnement tandis que les seconds pensaient que sa stratégie était contreproductive. Pour ces derbiers, le jeune aurait gagné en suivant une formation complète en technique, en gestion d'entreprise, afin de tirer parti de son génie dans une entreprise productive et décoller même indépendamment du gouvernement.

Ainsi par le biais d'ateliers pratiques et de séances de formation ciblées, les jeunes peuvent développer un savoir-faire technique précieux, renforçant ainsi leur employabilité et leur capacité à contribuer de manière significative au secteur professionnel de leur choix.

Ces formations jouent également un rôle crucial dans la promotion de l'innovation et du développement économique local.

Avec une approche globale de formation qui n'est pas seulement pratique, mais aussi axé sur le savoir-être, il sera question d'inculper aux jeunes la culture de l'innovation. Et cela va se montrer à travers la mise en place d'un système de récompense. Un prix d'innovation par exemple. Un capital de démarrage pour chaque promotion ou pour les meilleurs de chaque promotion. En fonction des moyens disponibles. À noter qu'un capital n'est pas toujours financier. Il peut s'agir de la mise à disposition des terres, d'un local commercial appartenant à la mairie et offert gratuitement pendant 24 mois par exemple. D'une bourse de formation à l'étranger. Bien sûr à ce stade des subventions du gouvernement, des ONG, d'entreprises et d'autres institutions ne sont pas à exclure.

De telles compétences acquises auront un impact visible tout de suite pour certains et d'autres sur le long terme. Prenons le cas de la santé par exemple. En prenant en charge la formation des personnels de santé avec un contrat qui exige d'eux qu'ils exercent dans la localité pendant un certain nombre d'années minimum, une municipalité se met à l'abri d'une pénurie de personnels soignants. En renouvelant ce concept, ça devient une routine. De même en formant des jeunes à l'agriculture, la communauté acquiert son autosuffisance alimentaire et devient un grenier agricole. Ce qui fait des recettes à la municipalité grâce aux impôts tout en redonnant aux populations un pouvoir d'achat important. Mieux encore en formant des jeunes aux nouvelles technologies, la communauté devient un pôle d'excellence dans lequel peut naître à tout moment une startup qui fait la différence et vend la destination de la communauté aux yeux du monde.

Nous espérons, en explorons cette dimension du développement des compétences professionnelles chez les jeunes, avoir illustrer comment les formations techniques spécialisées constituent un pilier essentiel pour favoriser leur épanouissement professionnel tout en contribuant à la vitalité économique de la communauté.

6. Mentorat et encadrement : Discussion sur l'impact positif du mentorat et de l'encadrement par des professionnels sur le développement des compétences professionnelles des jeunes.

Le mentorat et l'encadrement par des professionnels jouent un rôle crucial dans le développement des compétences professionnelles des jeunes. Ce sujet aurait dû faire à lui seul l'objet d'un chapitre. Tant cette notion est importante et sous-estimé. Il suffit de regarder les résultats obtenus sous d'autres cieux. Le cas par exemple des États-Unis d'Amérique qui est sans contexte l'une des terres promises des entrepreneurs à succès. Le coaching et le mentorat sont considérés comme l'industrie qui connaît la plus forte croissance aux États-Unis, derrière les technologies de l'information''[1]. Il suffit pour s'en convaincre de regarder le nombre de bestseller dans ce domaine et dont les auteurs sont originaires de ce pays. Il suffit aussi de regarder le nombre de coach qui sont célèbres à travers leurs productions numériques sur Youtube et d'autres plateformes connexes.

La quasi-totalité des grands entrepreneurs reconnaissent avoir eu des mentors à un moment décisif de leur vie. Le cas par exemple de Steve Jobs qui a eu pour mentor Mark Markkula[2]. Steve Jobs qui a lui même été le mentor de Mark Zuckerberg, le créateur de Facebook. Il en est de même pour les cofondateurs de Google, Larry Page et Serguey Brin qui ont eu pour mentor Éric Schmidt. Et plus près de nous au Nigeria, le patron de la banque internationale UBA, Tony Elumelu qui a eu pour mentor Chef Ebitimi Banigo. Aujourd'hui d'ailleurs Tony Elumelu est à l'initiative d'un projet d'envergure sur le continent africain qui offre un programme de mentorat à plusieurs centaines de milliers de jeunes. Au terme duquel certains reçoivent d'ailleurs un financement de démarrage. Comment donc sous-estimer ou ignorer un tel pilier qu'est le mentorat ? Les lauréats de chacune de ces promotions ne tarissent pas d'éloges sur le bien que leurs a fait cette expérience. Et là on parle du mentorat juste, rien à voir avec le fond de démarrage qui, lui, est sélectif. Puisque justement même ceux qui n'ont pas reçu de fonds de démarrage reconnaissent les bienfaits de ce cette expérience dans leur vie. C'est le lieu de souligner que moi-même j'ai fait l'expérience de cette immersion en 2020 au même moment que je suivais un autre programme de mentorat avec le directeur général, Jean Pierre Kedi à qui ce livre est d'ailleurs dédié.

Si des initiatives à grande échelle montre un tel succès on peut affirmer que nous aurons de meilleures résultats à une échelle plus petite où le suivi est plus strict. C'est le cas dans une municipalité.

Les municipalités peuvent s'engage à mettre en place des programmes de mentorat visant à jumeler les jeunes avec des professionnels expérimentés dans divers domaines d'activité.

---

[1] Christian Élongué. (2018, 25 novembre). Coaching et mentorat dans la société civile en Afrique. Consulté sur https://www.cursus.edu/fr/12155/coaching-et-mentorat-dans-la-societe-civile-en-afrique

[2] Parminder Vir OBE. (2020, 07 février). Soutien et mentorat éléments essentiels d'un développement perenne des PME. Consulté sur https://www.proparco.fr/fr/article/soutien-et-mentorat-elements-essentiels-dun-developpement-perenne-des-pme

Ces programmes offriront aux jeunes la possibilité de bénéficier des conseils, de l'expérience et du soutien d'adultes qualifiés, les aidant ainsi à développer leurs compétences professionnelles, à obtenir des conseils avisés sur leur parcours professionnel et à élargir leur réseau professionnel.

En outre, des sessions d'encadrement seront organisées pour offrir aux jeunes un accompagnement personnalisé dans la définition de leurs objectifs professionnels, la planification de leur carrière et le développement de compétences clés telles que la communication, la gestion du temps et la résolution de problèmes.

En mettant l'accent sur le mentorat et l'encadrement, ces initiatives visent à fournir aux jeunes les ressources nécessaires pour développer leurs compétences professionnelles tout en bénéficiant du soutien et des conseils avisés de professionnels expérimentés.

Des ateliers d'échange avec des mentors de la communauté, que ce soit des retraités, les cadres des entreprises locales sont importants. Car ils peuvent partager leurs expériences personnelles avec ces jeunes. Il est important pour ces derniers de savoir que d'autres sont passés par des situations plus difficiles que celles qu'ils rencontrent. Et ils ont pu les surmonter pour être où ils sont. Il est facile pour un jeune dans une situation similaire de penser que tous ceux qui réussissent ont toujours eu un parcours parsemé de roses. Leurs faire côtoyer des personnes ayant eu un parcours similaire sinon plus difficile est utile car cela renforce leurs confiances en eux et favorise leur développement personnel. D'où l'importance de souligner l'importance de cet échange intergenerationnelle.

Cette exploration des différents aspects du mentorat et de l'encadrement professionnel, nous permet de montrer comment ces relations constructives peuvent véritablement transformer le parcours professionnel des jeunes. En les aidant dans la prise de décisions éclairées en matière de carrière, au développement d'une vision à long terme pour leur avenir professionnel, en les aidant à surmonter les obstacles, à saisir les opportunités et à réaliser leur plein potentiel.

7. Réussites inspirantes : Partage d'histoires de jeunes ayant bénéficié d'un renforcement de leurs compétences professionnelles et ayant réussi dans leur carrière.

Revenons sur les succes story dont nous avons déjà parlé plus haut. Le cas par exemple de Madzou Moukassa. Un jeune congolais au parcours semé d'embûches qui a su transformer les épreuves de sa vie en une success story inspirante. Pourtant son chemin vers le succès n'a pas été sans embûches.

Né dans une famille difficile et ayant connu l'abandon et la rue, Madzou a trouvé sa passion pour la cuisine malgré des défis personnels à surmonter. Grâce au PDCE[1], il a pu bénéficier de formations gratuites en cuisine et en gestion entrepreneuriale.

Après des débuts modestes avec sa propre enseigne culinaire, Madzou a su rebondir et transformer son entreprise en un institut de formation professionnelle en hôtellerie. Sa détermination et son talent l'ont mené à innover en créant un vin à base d'oseille de Guinée, rencontrant un succès inespéré. Son vin se consomme même dans les milieux les plus aisés de Brazzaville.

À travers sa startup, Madzou Moukassa a formé plus de 350 jeunes dans le domaine de l'hôtellerie, offrant ainsi des opportunités d'apprentissage pratique et de développement de compétences essentielles pour l'avenir professionnel de la jeunesse congolaise. Son parcours illustre parfaitement la valeur des programmes d'apprentissage pratique pour le renforcement des compétences professionnelles des jeunes en Afrique.

En offrant des opportunités concrètes d'apprentissage et de travail dans des domaines pertinents, ces programmes contribuent non seulement à l'employabilité des jeunes, mais aussi à la vitalité économique de la communauté. Madzou Moukassa incarne la réussite qui découle de la persévérance, du soutien et de l'engagement envers son métier.

Regardons aussi le parcours de cet autre jeune qui a suivi la formation du PDCE. Il s'agit de Nzingoula Delaunay, un jeune passionné d'électricité domotique, a vu son rêve de poursuivre sa formation en électricité ravivé grâce à l'annonce du PDCE. Malgré la saturation de la section, il s'est tourné vers l'aviculture et a su fusionner ses deux passions. En fabriquant lui-même des équipements avicoles avec du matériel de récupération, il a rapidement développé son activité[2].

---

[1] Banque mondiale. (2023, 10 mai). Chef Madzou Moukassa, le goût de la réussite. Consulté sur https://www.banquemondiale.org/de/news/feature/2023/05/10/chef-madzou-moukassa-a-taste-for-success

[2] Banque mondiale. (2023, 19 décembre). Nzingoula Delaunay à l'école des poules pondeuses. Consulté sur

Grâce à sa persévérance et à son dévouement, Nzingoula Delaunay est passé d'un petit cheptel de cinquante poulets à une ferme urbaine prospère comptant jusqu'à 685 têtes de poulets adultes. Il a même créé une nouvelle race en croisant des poulets et des pintades, démontrant ainsi sa créativité et son innovation dans le domaine de l'aviculture.

Mieux encore, en 2020, aux côtés de sept autres jeunes aviculteurs formés par le PDCE, Nzingoula Delaunay a fondé la Coopérative avicole de développement des compétences entrepreneuriales (CADCE) qu'il dirige avec succès. Cette coopérative forme et conseille de jeunes aviculteurs tout en commercialisant des équipements avicoles modernes.

Nzingoula Delaunay incarne l'esprit d'entrepreneuriat et la détermination des jeunes africains à développer leurs compétences professionnelles pour un avenir prometteur. La seule chose que de tels jeunes demande c'est un encadrement. Une crédibilité. Une raison d'être.

L'analyse qu'on peut faire de ce dernier cas est qu'il est inspirant de voir comment Nzingoula Delaunay a su transformer son rêve initial en une réalité florissante malgré les obstacles qu'il a rencontrés en cours de route. Sa détermination et sa créativité sont des qualités admirables qui ont non seulement contribué à son propre succès, mais ont également ouvert la voie à d'autres jeunes aviculteurs.

Nzingoula Delaunay incarne parfaitement l'esprit d'initiative et de persévérance que l'apprentissage pratique peut inculquer aux jeunes. Son histoire illustre de manière poignante comment les opportunités de formation et d'expérience concrète peuvent non seulement développer des compétences professionnelles essentielles, mais aussi stimuler l'entrepreneuriat et l'innovation au sein des communautés.

Chacun de ces modèles de cas illustre l'impact positif du renforcement des compétences professionnelles sur la réussite des jeunes dans des domaines variés tels que l'entrepreneuriat, les services sociaux et les arts.

En explorant ces réussites inspirantes, nous montrerons comment ces jeunes ont su tirer parti des ressources mises à leur disposition pour développer leurs compétences professionnelles et réaliser leurs ambitions. Leurs histoires serviront d'exemples concrets pour illustrer

---

https://www.banquemondiale.org/fr/news/feature/2023/12/19/an-education-in-poultry-farming-for-nzingoula-delaunay

l'impact positif du renforcement des compétences sur la progression professionnelle et personnelle des jeunes.

En partageant ces récits authentiques, nous espérons inspirer d'autres jeunes à poursuivre le développement de leurs propres compétences professionnelles, en mettant en lumière les opportunités qui s'offrent à ceux qui s'investissent dans leur formation et leur croissance professionnelle.

En dévoilant leurs triomphes professionnels, nous illustrerons comment ces réussites inspirantes sont le fruit d'un engagement inébranlable, d'une détermination sans faille et d'une volonté indomptable de transformer les défis en opportunités.

8. Investir dans les compétences, investir dans l'avenir

En conclusion de ce captivant chapitre dédié au développement des compétences professionnelles des jeunes, nous nous trouvons face à un kaléidoscope éblouissant d'opportunités, d'inspiration et d'espoir. Il nous a permis d'explorer de manière approfondie l'importance du renforcement des compétences professionnelles chez les jeunes, en mettant en lumière les multiples facettes de ce processus. Nous avons pu constater comment le développement de compétences techniques spécifiques, combiné à un mentorat de qualité et à un encadrement professionnel, peut véritablement ouvrir des portes et transformer des vies.

À travers les discussions sur le mentorat et l'encadrement, ainsi que les récits inspirants de réussites professionnelles, nous avons pris conscience de la puissance de l'apprentissage continu et du partage d'expérience dans le parcours des jeunes professionnels. Ces éléments clés ont été illustrés par des exemples concrets qui ont démontré comment le renforcement des compétences peut ouvrir la voie à des opportunités insoupçonnées et conduire à des réussites remarquables.

En mettant en avant ces thématiques, nous espérons avoir suscité une réflexion profonde sur l'importance d'investir dans le développement des compétences professionnelles des jeunes, ainsi que dans la création d'un environnement propice à leur épanouissement professionnel.

En embrassant pleinement ces enseignements, les jeunes sont invités à saisir chaque opportunité d'apprentissage, à cultiver des relations enrichissantes et à s'inspirer des succès éclatants qui jalonnent le chemin. Car au cœur de ce chapitre réside un message vibrant : celui de la persévérance, de la croissance personnelle et de la certitude que chaque pas accompli dans la quête du savoir et de l'expertise rapproche un peu plus les jeunes de leurs rêves professionnels les plus audacieux.

Ainsi, que cette conclusion soit le point de départ d'une aventure professionnelle empreinte de succès, d'épanouissement et d'accomplissements remarquables. Car ensemble, en embrassant ces précieuses leçons, les jeunes sont appelés à bâtir un avenir professionnel resplendissant, forgé par leurs compétences aiguisées, leur détermination inébranlable et leur capacité à transformer les défis en opportunités inestimables.

Chapitre 6. Promotion de la santé et du bien-être des jeunes – Assurance Santé Universelle

La santé des jeunes est un enjeu crucial qui transcende les frontières géographiques et culturelles, impactant les communautés du monde entier de manière significative. Dans un contexte où les jeunes sont confrontés à des défis multiples et évolutifs, il est essentiel d'adopter une approche holistique et adaptée à chaque réalité locale pour promouvoir leur bien-être physique, mental et social.

Au sein de chaque communauté, les jeunes font face à des contextes socio-économiques, politiques et environnementaux spécifiques qui influent sur leur santé et leur qualité de vie. Que ce soit dans les zones urbaines dynamiques, les régions rurales isolées ou les communautés autochtones traditionnelles, les besoins en matière de santé des jeunes varient et nécessitent des interventions personnalisées.

Les disparités d'accès aux services de santé, les inégalités sociales, les pressions environnementales et les normes culturelles peuvent créer des barrières à une vie saine et équilibrée pour de nombreux jeunes à travers le monde. Ceci est encore plus prononcé dans le continent africain où les jeunes représentent plus du tiers de la population. Comprendre ces dynamiques complexes et s'engager à construire des environnements favorables à la santé devient donc une priorité pour garantir un avenir prometteur à la génération montante.

Dans ce chapitre, nous explorerons comment la promotion de la santé et du bien-être des jeunes peut être envisagée dans divers contextes communautaires, en mettant en lumière des initiatives innovantes, des bonnes pratiques et des solutions adaptées aux spécificités locales. En nous inspirant de la diversité des expériences vécues par les jeunes à travers le globe, nous chercherons à identifier des pistes d'action concrètes pour renforcer leur résilience, favoriser leur épanouissement et construire ensemble un avenir plus sain et inclusif. Mieux encore, nous allons aborder la question de l'assurance santé universelle pour tous et proposer une approche communautaire qui permet de prendre en charge tout cas d'urgence dans un hôpital public sans chercher à identifier au préalable la capacité du patient à payer ses factures.

L'approche adoptée dans ce chapitre se veut inclusive, participative et axée sur l'action. En donnant la parole aux jeunes, aux professionnels de la santé, aux décideurs politiques et aux acteurs de terrain, nous aspirons à co-construire des solutions durables et impactantes pour améliorer la qualité de vie des jeunes dans toutes les communautés du Cameroun.

1. Sensibilisation à la santé : Exploration d'initiatives visant à sensibiliser les jeunes aux enjeux de la santé mentale, la prévention des maladies et l'adoption des modes de vie sains

Les maladies mentales, telles que la dépression, l'anxiété, les troubles bipolaires et les troubles alimentaires, constituent un enjeu majeur de santé publique chez les jeunes. La sensibilisation à ces troubles psychiques est essentielle pour briser les tabous et les stigmates qui les entourent. Surtout en Afrique où les symptômes de ces maladies sont généralement associés aux effets paranormaux. Ou encore à une faiblesse. C'est le cas lorsqu'une personne souffrant de dépression en viens à se suicider. Incapable d'avoir de l'aide dans son entourage qui ne comprendrait pas qu'elle peut être si faible.

Les conséquences des maladies mentales peuvent être diverses et impactent différents aspects de la vie des individus. En effet, ces troubles psychiques peuvent entraîner des difficultés au niveau des relations interpersonnelles, du fonctionnement professionnel et social, ainsi que de la santé physique. Ils peuvent aller plus loin en donnant naissance à plusieurs formes d'addiction. Oui, la santé mentale et les addictions sont souvent étroitement liées. Les problèmes de santé mentale peuvent augmenter le risque de développer des addictions, et inversement, les addictions peuvent avoir un impact négatif sur la santé mentale.

Par exemple, certaines personnes peuvent utiliser des substances addictives pour faire face à des problèmes de santé mentale non traités tels que l'anxiété, la dépression ou les troubles de l'humeur. Cependant, au lieu de résoudre ces problèmes, l'abus de substances peut souvent aggraver les symptômes et entraîner une dépendance.

D'autre part, les addictions peuvent également causer des problèmes de santé mentale en altérant le fonctionnement du cerveau et en affectant le bien-être émotionnel. Les personnes souffrant d'addictions peuvent éprouver de l'anxiété, de la dépression ou d'autres troubles mentaux liés à leur dépendance.

De façon plus radicale encore les maladies mentales peuvent conduire au suicide. En tout cas il est avéré que les personnes qui en souffrent présentent un risque élevé de suicide. Les personnes souffrant de troubles psychiques tels que la dépression, les troubles bipolaires, les troubles anxieux ou les troubles de la personnalité ont un risque plus élevé de pensées suicidaires et de passage à l'acte. Il est essentiel de prendre au sérieux toute mention de pensées suicidaires et d'agir rapidement en offrant un soutien approprié. La prévention du suicide passe par une prise en charge adéquate des troubles mentaux, par le soutien social et familial, ainsi que par l'accès à des professionnels de la santé mentale qualifiés. C'est d'ailleurs ce côté des maladies mentales qui justifie la présence de ce chapitre dans ce livre. Tant en parcourant les réseaux sociaux on peut être déçu de voir le manque de tolérance des jeunes envers les leurs qui se sont donnés la mort. Tous semblent condamné un tel acte. Mais personne ne semble s'interroger sur le pourquoi la victime en est arrivé là. Chacun préfère croire que c'est l'affaire des autres. Des plus faibles. La sensibilisation à la prévention du suicide est cruciale pour briser les tabous et encourager les personnes en détresse à demander de l'aide. Il faut que chacun sache que le suicide n'est pas une solution aux problèmes et qu'il existe des ressources et des interventions efficaces pour accompagner les personnes en souffrance vers un mieux-être.

Il est impératif de souligner que la santé mentale des jeunes ne doit pas être négligée. Ces troubles impactent profondément leur qualité de vie, leurs relations sociales et leur fonctionnement au quotidien. Par conséquent, il est primordial de promouvoir une meilleure compréhension de ces problématiques et d'encourager l'accès à des soins adaptés.

Le dépistage précoce, la prise en charge multidisciplinaire (incluant thérapies individuelles, familiales et médicamenteuses si nécessaire) ainsi que le soutien social sont des éléments clés dans le traitement des maladies mentales chez les jeunes. Il est crucial de favoriser un environnement bienveillant et inclusif où la parole sur la santé mentale est libre et sans jugement. Nous y reviendrons d'ailleurs plus loin dans ce chapitre sur l'importance de créer des espaces sûr et sécurisé pour les jeunes. Ces milieux où ils peuvent se rencontrer et échanger. Ces milieux où les adultes afférents peuvent les suivre sans s'impliquer activement. Ces milieux d'intégration sociale.

En brisant les barrières de la stigmatisation, nous pouvons offrir aux jeunes en souffrance la possibilité de se rétablir et de s'épanouir pleinement. La sensibilisation et l'accès aux ressources en santé mentale sont des leviers essentiels pour accompagner efficacement les jeunes dans leur parcours de guérison.

2. Espaces sûrs pour les jeunes : Discussion sur l'importance de créer des espaces sécurisés où les jeunes peuvent se retrouver, s'exprimer librement et trouver du soutien en cas de besoin

Les espaces sûrs pour les jeunes jouent un rôle essentiel dans leur développement, leur bien-être et leur épanouissement. Ces lieux offrent aux jeunes la possibilité de se retrouver, d'échanger, de s'exprimer librement et de trouver du soutien en cas de besoin. Ils constituent des environnements propices à l'apprentissage, à la socialisation et à la construction de relations saines. Les environnements sécurisés ou les jeunes se sentent entendus, respectés et soutenus jouent un rôle crucial dans la préservation de leur santé mentale. Ces espaces offrent aux jeunes la possibilité de s'exprimer librement, de partager leur émotion et leurs pensées ce qui peut contribuer à réduire le stress, l'anxiété et l'isolement social.

Les espaces sûrs pour les jeunes peuvent prendre différentes formes en fonction des besoins et des contextes spécifiques. Voici quelques exemples d'espaces sûrs qui sont souvent mis en place pour les jeunes :

- **Centres de jeunesse** : des lieux dédiés aux jeunes où ils peuvent se retrouver, participer à des activités culturelles, sportives ou éducatives, et bénéficier de conseils et de soutien. Des bases existent déjà comme les Centres Multifonctionnel de Promotion des Jeunes (CMPJ). Bien que fantomatique[1], il ne reste qu'à mettre un peu de bonne volonté pour leur donner l'impulsion souhaitée.
- **Espaces en ligne sécurisés** : des plateformes numériques où les jeunes peuvent discuter, poser des questions, accéder à des ressources d'information fiables et interagir avec d'autres jeunes ou des professionnels. L'urgence de dématérialiser des ressources importantes en ligne par des professionnels de la santé devient une urgence dans un monde où les jeunes sont enclins à rechercher toutes les informations en ligne. Il peut être triste de constater que la majorité des pages qui offrent du soutien sont souvent créée et géré par des tierces personnes qui ne maîtrisent rien aux enjeux de la santé. Ce sont généralement des personnes en quête d'une audience qu'elles vont ensuite convertir en clients des produits traditionnels. Lesquels sont souvent des solutions miracles à tous les problemes. Partant des problèmes d'infertilité en passant par des troubles sexuels pour arriver parfois jusqu'a

[1] Amougou, M. P., & Ngon Andjongo, M. (2020). Analyse de la précarité dans les institutions publiques d'éducation non formelle et d'alphabétisation au Cameroun : Cas du centre multifonctionnel de promotion des jeunes de Yaoundé 4. Revue AKOFENA, << Volume 2 : Numéro 1.>>, pp. 139-150.

l'interruption volontaire de grossesse. Et bien évidemment ceci échappe à tout contrôle qualité. Plutôt que d'attendre que des personnels médicaux envisagent de telles approchent, les décideurs locaux peuvent prendre de telles initiatives et offrir un canal d'information crédibles où des professionnels assurent une veille permanente en vue de répondre aux préoccupations des jeunes en matière de santé gratuitement. Quitte à se rémunerer avec de la publicité ou par toute autre méthode innovante qui ne nécessite pas que l'usager débourse de l'argent pour des raisons évidentes.

- **Organisations de jeunesse** : des associations ou des clubs dirigés par des jeunes, pour les jeunes, qui offrent des opportunités de leadership, d'engagement communautaire et de développement personnel. Ces organisations jouent un rôle crucial en permettant aux jeunes de s'engager activement dans leur communauté, même dans des contextes difficiles. Ce phénomène peut être éclairé par le concept de "greffage social"[1], qui désigne la capacité des jeunes à s'engager collectivement dans des actions sociales, malgré des conditions défavorables. Comme le souligne Vivien Meli Meli, ces initiatives permettent aux jeunes de défier les stéréotypes qui les associent souvent à la dépendance et à l'inaction. Par exemple, certaines associations peuvent mener des campagnes sur des enjeux sociaux comme la lutte contre le VIH/SIDA, utilisant leur plateforme pour sensibiliser et mobiliser leurs pairs[2]. Ainsi, les organisations de jeunesse ne sont pas seulement des espaces de loisirs, mais aussi des foyers d'émancipation et de transformation sociale, offrant aux jeunes les moyens d'agir et de façonner leur avenir.
- **Centres d'écoute et de conseil** : des structures professionnelles proposant un accompagnement psychologique, social ou juridique aux jeunes qui rencontrent des difficultés ou qui ont besoin d'un soutien ponctuel. Bien loin des centres sociaux qui s'apparentent davantage à une corvée pour des fonctionnaires venus de divers horizons et qui ne maîtrisent pas forcément les réalités locales des jeunes. Cela s'observe déjà avec le suivi contre-productif des jeunes de la rue par ces

---

[1] Vivien Meli Meli, « Engagement social des jeunes au Cameroun : une mobilisation sociale contre toute attente », SociologieS [En ligne], Dossiers, mis en ligne le 19 juin 2018, consulté le 05 juillet 2024. URL : http://journals.openedition.org/sociologies/8009 ; DOI : https://doi.org/10.4000/sociologies.8009

[2] Idem.

personnels[1]. Ces centres d'écoutes communautaires pourraient être le relais ou le médiateur entre le jeune qui a besoin d'aide, sa famille et éventuellement les fonctionnaires des affaires sociales.

Ces espaces sûrs visent à créer un environnement accueillant, bienveillant et non-jugeant où les jeunes se sentent en confiance pour s'exprimer, partager leurs préoccupations et recevoir l'appui nécessaire. Ils favorisent le développement personnel, la résilience émotionnelle et les compétences sociales des jeunes, tout en renforçant leur sentiment d'appartenance à une communauté solidaire. Bien évidemment lorsqu'il se posera des questions de confidentialité, l'on favorisera la collaboration avec une autre communauté. Les jeunes désireux d'avoir un entretien plus intime et confidentiel pourront échanger avec des experts d'une autre communauté par des canaux fiables et accessible en ligne, ou éventuellement lors des journées d'échanges intercommunautaires.

En encourageant la création et l'accès à ces espaces sûrs pour les jeunes, nous contribuons à promouvoir leur bien-être global, à prévenir les situations de détresse et à favoriser leur épanouissement personnel et social.

3. Importance d'encourager le leadership et le soutien social chez les jeunes

Le leadership des jeunes est essentiel pour façonner des espaces sûrs et inclusifs. Imaginez un groupe de jeunes qui se réunissent pour discuter de leurs idées, partager leurs rêves et s'engager dans des projets communautaires. En leur donnant la parole et la possibilité d'agir, on voit leur confiance grandir et leur potentiel se déployer. Ces jeunes deviennent non seulement des acteurs responsables, mais aussi des sources d'inspiration pour leurs pairs.

Investir dans des espaces où les jeunes se sentent en sécurité et soutenus est crucial. Pensez à ces lieux comme des havres d'échange, où l'inspiration jaillit à chaque coin. En soutenant les groupes de soutien et en favorisant le leadership, nous bâtissons des communautés plus inclusives et résilientes.

Le leadership chez les jeunes se manifeste de différentes manières. Par exemple, en les encourageant à identifier leurs compétences uniques, on leur permet de gagner en confiance et de réaliser l'impact

[1] Nguimfack, L., & Amana, E. (s.d.). Prise en charge des adolescents vivant dans la rue par les professionnels du travail social au Cameroun : Le point de vue subjectif des jeunes. Département de psychologie, Université de Yaoundé, Cameroun.

qu'ils peuvent avoir. Prendre des responsabilités est également fondamental ; cela leur enseigne l'intégrité et l'importance des choix qu'ils font.

Ils apprennent à communiquer efficacement, ce qui est essentiel pour motiver et rassembler les autres autour d'eux. La collaboration en équipe est une autre dimension clé, car le leadership ne se limite pas à diriger, mais inclut également l'écoute et le travail collectif.

Enfin, le rôle du mentorat est inestimable. Avoir un guide peut aider les jeunes à surmonter des obstacles tout en cultivant leur potentiel. En mettant l'accent sur ces aspects, nous pouvons véritablement encourager une génération prête à relever les défis de demain !

En encourageant le développement du leadership chez les jeunes, les municipalités contribuent à forger une génération future capable d'innover, de résoudre des problèmes complexes et de créer un impact positif dans leur communauté et au-delà.

Le soutien social joue un rôle crucial dans le bien-être des jeunes, influençant leur développement personnel, émotionnel et professionnel de manière significative. Voici quelques points mettant en lumière l'importance du soutien social pour les jeunes :

- Le soutien social comme un facteur de bien-être émotionnel : Le soutien social fournit aux jeunes un réseau de personnes sur lesquelles compter en cas de besoin, ce qui contribue à réduire le stress, l'anxiété et la dépression. Savoir qu'ils ne sont pas seuls face aux défis de la vie renforce leur résilience émotionnelle.
- Le soutien social comme un facteur de renforcement de la confiance en soi et estime de soi : Lorsque les jeunes reçoivent un soutien positif de la part de leur entourage, ils développent une meilleure confiance en eux-mêmes et une estime de soi plus solide. Cela les aide à surmonter les obstacles et à croire en leurs capacités.
- Le soutien social pour le développement des compétences sociales : Interagir avec un réseau de soutien social diversifié permet aux jeunes d'apprendre à communiquer efficacement, à résoudre les conflits et à établir des relations saines. Ces compétences sociales sont essentielles pour leur réussite personnelle et professionnelle future.
- Le soutien social comme un outil d'orientation et conseils : Le soutien social peut offrir aux jeunes des conseils précieux, des modèles à suivre et des orientations pour prendre des décisions éclairées concernant leur avenir académique, professionnel ou personnel.

• Le soutien social comme facteur de réduction des comportements à risque : Les jeunes bénéficiant d'un fort soutien social sont moins susceptibles de s'engager dans des comportements à risque tels que la consommation de drogues, l'alcoolisme ou la délinquance juvénile. Les témoignages des jeunes confirment cela, au-delà des études qui y sont consacrées[1]. Le lien avec leur entourage les encourage à faire des choix plus sains. La tolérance et l'attention qu'ils reçoivent leur permettent également de se confier en cas de dérive.

Le cas du fils prodigue en est une belle illustration biblique. Après avoir fait des choix regrettables et s'être éloigné de son foyer, il est accueilli à bras ouverts par son père à son retour[2]. Cependant, je me souviens du cas malheureux d'un jeune homme qui s'est adonné aux paris sportifs et a subi une succession de pertes. Pour essayer de remonter la pente, il a même pris sa scolarité qu'il venait de retirer chez son père. Il a ensuite emprunté de l'argent à un opérateur mobile local en utilisant le téléphone de sa sœur ainée, qui était par ailleurs sa confidente.

Sans aucun doute, il s'enfonçait dans ce comportement en espérant récupérer ses pertes, mais en vain. Lorsque la spirale se refermait sur lui, notamment avec la découverte par sa sœur qu'il avait emprunté de l'argent à son nom et la pression des parents concernant la régularisation de sa scolarité, il avait déjà disparu des radars. Cela était sans doute dû à sa peur d'affronter la colère des uns et des autres. Mais au-delà de cette peur, il ne faut pas négliger sa déception d'avoir déçu ceux qui croyaient en lui.

Au final, il s'est suicidé en ingérant des substances toxiques. Des témoignages de ses frères et sœurs révèlent plus tard que tous avaient l'habitude de placer des paris sportifs en famille comme un divertissement, généralement avec de petites sommes d'argent comme 100 ou 200 francs. Ces mêmes témoignages se désolent qu'il ait choisi la voie du suicide plutôt que celle de la rédemption : ''nous n'allions pas le tuer de colère après tout''.

Tout le monde est convaincu de la sincérité de ces paroles. Mais est-ce vraiment la violence physique que ce jeune homme redoutait lorsqu'il a choisi de se donner la mort ? Non, il est plus probable qu'il craignait la violence verbale, le regard accusateur et le manque de

---

[1] Nguimfack, L., & Amana, E. (s.d.). Prise en charge des adolescents vivant dans la rue par les professionnels du travail social au Cameroun : Le point de vue subjectif des jeunes. Département de psychologie, Université de Yaoundé, Cameroun.

[2] La Bible du Semeur. Luc 15:11-32

tolérance. Si seulement il avait trouvé auprès de sa famille le soutien que le fils prodigue reçut de son père ! La compassion, l'écoute et le pardon auraient pu changer le cours de son histoire.

Il est compréhensible pour le lecteur de se demander pourquoi ce jeune parieur n'a même pas essayé la voie de la rédemption. Cela s'explique par des antécédents : il connaissait parfaitement comment sa famille aurait réagi à son égard. De manière plus générale, dans nos sociétés, il est courant d'observer la banalité avec laquelle sont traitées les questions liées au suicide, notamment sur les réseaux sociaux.

Dans ces circonstances, il devient difficile pour quiconque traverse des moments difficiles ou ayant des tendances suicidaires de chercher de l'aide auprès des siens. Il semble donc essentiel d'apprendre du père prodigue qui a su accueillir son fils égaré avec sagesse et amour plutôt que de le condamner.

En ajustant notre regard sur ceux qui font des erreurs, en leur offrant un soutien inconditionnel et en cultivant la compassion, nous pouvons contribuer à prévenir ces tragédies et à construire un environnement plus sûr et bienveillant pour tous.

En somme, le soutien social est un pilier essentiel du bien-être des jeunes, favorisant leur développement global et les aidant à naviguer avec succès à travers les défis de la vie. Encourager la création d'environnements favorables au soutien social chez les jeunes est bénéfique pour leur équilibre entre vie personnelle et professionnelle.

4. Couverture Santé Universelle : les défis de son implémentation au Cameroun

À présent que nous avons vu l'importance de la sensibilisation sur la santé des jeunes, que nous avons mis en place des lieux sûr où les jeunes peuvent se rassembler et s'exprimer, qu'en plus nous avons fait naître en eux la culture du leadership, il convient à présent de mettre en place un programme de santé communautaire. Il s'agit ici de s'assurer que toutes personnes dans une urgence médicale puissent recevoir des soins de santé indépendamment de son statut social. Nous proposons donc dans les lignes qui suivent une approche communautaire de la couverture santé universelle.

Souscrire à la couverture santé universelle en l'état actuel des choses semble une corvée et inutile pour la plupart des populations qui n'y croient pas. Au vu de l'opacité de la méthode de souscription qui se veut ergonomique, la plupart de la population est pourtant exclu par cette complexité. Utiliser un site web, une application Android exclu d'office une grande partie des populations qui pourtant utilisent un smartphone. Mais est-ce parce que l'on utilise un smartphone qu'on maîtrise l'usage et la complexité de cet outil. La plupart des gens qui utilisent un smartphone se contentent des applications génériques comme Facebook, WhatsApp et Youtube qui travaillent chaque jour à une meilleure ergonomie. Même les meilleurs programmeurs peinent à ce jour à créer une plateforme aussi ergonomique que ces réseaux sociaux.

Une grande partie de la population n'a pas de smartphone mais bien sûr on a pensé qu'ils peuvent se rapprocher d'un CMA pour la souscription. Cependant il suffit de parcourir les rues dans les villes comme dans les campagnes pour découvrir que de nombreuses personnes jeunes n'ont jamais entendu parler de la CSU. Une meilleure approche aurait été que le CMA se rapproche d'eux. Par ailleurs les gens sont occupés à gagner leurs vies. Dans un pays où une grande partie de la population survit, chaque minute compte. Chaque centime gagné compte. S'attendre à ce qu'une personne dépense son temps et son argent pour souscrire à une assurance à laquelle il n'a pas confiance est contre-productive.

Il est donc judicieux d'oser proposer une approche qui brise tous les codes établis et place le citoyen au centre de la décision.

La solution consite à aller au-devant de la population afin qu'elle puisse souscrire sans se déplacer, ni fournir trop d'efforts comme se connecter et naviguer à travers des formulaires à remplir. Cependant aller au-devant de la population à première vue semble impliquer de nombreuses ressources humaines qui seront déployées sur le terrain et donc un coût élevé. Mais posons-nous la bonne question : comment rendre la souscription à la Couverture Santé Universelle accessible et attrayante pour une population qui se sent exclue par les méthodes actuelles, tout en optimisant les ressources nécessaires à sa mise en œuvre ? Une proposition, simplement en la greffant à un service qui existe déjà et qui est accessible au plus grand nombre. En changeant juste sa valeur perçue. Ce produit devra être recherché parmi des produits génériques, facile à concevoir, qui se retrouve dans toutes les communautés, qui sont prisés, et d'un coût accessible à tout le monde. Pourquoi ne pas porter son choix sur un simple bonbon. Oui, un bonbon diététique. Ceci n'est qu'un exemple de produit pour un concept aussi large qu'est la CSU et que nous vous invitons à explorer dans la suite.

Mais avant, marquons une pause à ce niveau et faisons un bref tour à travers le monde, question d'explorer des approches similaires. Des approches créatives qui montre comment aborder un problème complexe comme la Couverture Santé Universelle. Comment vendre une assurance santé à une communauté nécessiteuse mais qui a du mal à placer la prévention de sa santé dans ses priorités au vu de la précarité dans laquelle elle vit ? C'est le cas avec la Couverture Santé Universelle en Afrique. C'est un enjeu majeur. Mais qui peut être difficilement placé en priorité par une population qui survit au quotidien. Nous allons donc explorer dans les lignes suivantes comment de telles difficultés ont été abordés sous d'autres cieux et dans des projets similaires ou non.

Le modèle des micro-assurances

Dans certains pays d'Afrique, des organisations ont développé des modèles de micro-assurances qui permettent aux populations à faible revenu de bénéficier d'une couverture santé à un coût abordable. Par exemple, la MicroEnsure[1] au Ghana propose des produits d'assurance santé accessibles aux personnes qui n'ont pas les moyens de payer des primes élevées. Ces modèles montrent comment l'intégration de solutions simples peut aider à surmonter la résistance à l'assurance.

Le chocolat équitable[2]

Au Togo, une coopérative a lancé un produit alimentaire (chocolat) dont une partie des bénéfices est consacrée à des projets sociaux, y compris la santé. L'accès à l'eau, l'électricité, finance l'école et certaines fournitures scolaires comme les livres. Globalement la coopérative améliore les conditions de vie des producteurs locaux. Cela permet de sensibiliser les consommateurs tout en leur offrant un produit qu'ils découvrent et aiment : le chocolat.

L'initiative Buy One, Give One[3]

Des entreprises comme TOMS Shoes ont popularisé le modèle "Achetez-en un, donnez-en un". Pour chaque paire de chaussures achetée, une paire est donnée à un enfant dans le besoin. Cela a créé un mouvement où les consommateurs se sentent bien en achetant un produit, sachant qu'ils contribuent à une cause plus grande. Au-delà des critiques que cette méthode pose sur l'impact réel de ce don de chaussures sur les receveurs, ici il convient de s'intéresser juste à l'adhésion des donateurs au profit d'une cause noble. Cela pourrait être une approche pertinente pour une solution d'assurance plus équitable.

---

[1] MicroEnsure. https://www.innovationsinhealthcare.org/profile/microensure

[2] CFSI. Promotion de l'agriculture familiale en Afrique de l'Ouest. Consulté sur https://www.cfsi.asso.fr/projet/au-togo-du-chocolat-equitable-pour-toutes-et-tous

[3] Andrée-Anne Lefebvre. (2019, 21 novembre). Ce qu'il faut savoir sur les programmes buy one give one. https://www.hinnovic.org/post/ce-qu-il-faut-savoir-sur-les-programmes-buy-one-give-one

Pour le même niveau de couverture, les personnes cotisent le même montant en fonction de leur propre revenu.

Les Cagnotte santé en ligne

Certaines plateformes en ligne permettent aux gens de contribuer financièrement à des fonds destinés à couvrir les frais médicaux d'individus ou de familles dans le besoin. Ces initiatives montrent que les gens sont souvent prêts à soutenir des causes s'ils peuvent le faire facilement et de manière transparente. On le voit déjà opérationnel à une échelle encore embryonnaire au Cameroun où un activiste sur les réseaux sociaux dénonce un cas social et son audience décide de contribuer financièrement pour le résoudre. C'est le cas lorsque plusieurs jeunes femmes enceintes ont souvent été retenus contre leurs grés dans des hôpitaux pour n'avoir pas les moyens de régler leur facture après avoir accouchés[1]. Des abonnés sur la page de **Nzui Manto**[2] contribuent pour régler lesdites facture. Et souvent en quelques jours, les jeunes mamans retrouvent la liberté.

Le modèle du "social business"

Muhammad Yunus, prix Nobel de la paix, a développé le concept du "social business", où les entreprises sont créées pour résoudre des problèmes sociaux tout en étant financièrement viables[3]. Des exemples comme Grameen Danone au Bangladesh montrent comment une entreprise peut être rentable tout en ayant un impact social positif. Il est souhaitable de voir de telles entreprise voire le jour même dans les petites communautés. Fut-elle des micros entreprise. Il ne faut justement pas s'étonner de constater que les appels à projets d'entreprise contre financement insistent toujours sur l'aspect social de l'entreprise au-delà de sa rentabilité. Va-t-elle résoudre une problématique importante de la société ? Va-t-elle sortir une quantité importante de jeunes dans la communauté ? Est-elle innovante et reproductrice par plusieurs autres jeunes dans le besoin ?

---

[1] Maëva Poulet. (2018, 10 août). Cameroun : des femmes "séquestrées" à l'hôpital pendant un mois après leur accouchement faute de pouvoir payer leur hospitalisation. Consulté sur https://observers.france24.com/fr/20180807-cameroun-yaounde-femmes-sequestrees-hopital-payer-accouchement

[2] Lanceur d'alerte camerounais et exilés. Retrouver ses activités essentiellement sur des pages Facebook et Twitter sous l'appellation Nzui Manto.

[3] Cécile Renouard. (2012, 26 juin). Success story et entrepreneuriat social : Grameen Danone au Bangladesh. Consulté sur https://www.knowledge.essec.edu/fr/sustainability/grameen-danone-au-bangladesh

À propos de Grameen Danone, c'est une initiative conjointe entre le Grameen Bank, fondé par Muhammad Yunus, et Danone, le géant de l'agroalimentaire[1]. L'objectif principal de cette collaboration est de créer un modèle d'entreprise sociale qui vise à améliorer la nutrition des populations les plus vulnérables, notamment au Bangladesh. Le Bangladesh souffre d'un taux élevé de malnutrition, en particulier chez les enfants. Grameen Danone a été créée pour répondre à ce problème en fournissant des produits alimentaires nutritifs à un prix abordable.

L'entreprise fonctionne selon le principe du "social business", où l'objectif n'est pas de maximiser les profits pour les actionnaires, mais de résoudre un problème social tout en étant économiquement viable.

Grameen Danone a lancé un yaourt appelé "Shokti Doi", qui est enrichi en micronutriments essentiels (comme le fer et la vitamine A) pour lutter contre la malnutrition. Ce produit est vendu à un prix accessible pour les familles à faibles revenus. Et l'impact est significatif, car en plus de fournir des produits nutritifs, Grameen Danone crée des emplois locaux dans la production et la distribution. Cela contribue au développement économique des communautés tout en répondant à des besoins alimentaires. Mieux encore le modèle est reproductible. Le succès de Grameen Danone a en effet inspiré d'autres initiatives similaires dans divers pays, montrant que les modèles d'affaires sociaux peuvent fonctionner dans différents contextes. Cette approche nous montre qu'il est possible de concilier rentabilité et impact social. Son modèle peut servir d'exemple pour d'autres initiatives cherchant à résoudre des problématiques similaires, comme la couverture santé universelle au Cameroun.

En intégrant une dimension sociale à un produit courant, on peut mobiliser les consommateurs tout en apportant une solution tangible à des défis sociétaux.

Il existe d'ailleurs plusieurs exemples inspirés par le modèle de Grameen Danone, où des entreprises sociales ont été créées pour répondre à des problématiques similaires dans d'autres pays. Voici quelques modèles notables :

Danone Communities[2]

Présent dans divers pays, dont l'Inde, le Kenya et l'Indonésie, cette initiative de Danone sous forme de capita-risque vise à développer des

[1] Grameen Danone Foods. (2022, 21 septembre). Wikipédia. Consulté sur https://www.fr.m.wikipedia.org/wiki/grameen-danone-foods

[2] Danone Communities. Notre mission. Consulté sur https://www.danonecommunities.com/fr/qui-nous-sommes/notre-mission

entreprises sociales qui améliorent la nutrition et l'accès à l'eau. Par exemple, en Inde, ils ont lancé des programmes pour fournir des produits laitiers nutritifs tout en soutenant les agriculteurs locaux.

Groupe SOS[1]

Localisé en France, ce groupe regroupe plusieurs entreprises sociales qui œuvrent pour l'insertion sociale et professionnelle. Ils développent divers projets allant de l'alimentation durable à l'accompagnement des jeunes en difficulté.

Grameen Shakti[2]

Localisé au Bangladesh et inspirée par Grameen Bank, cette entreprise sociale se concentre sur les énergies renouvelables. Elle fournit des solutions solaires aux communautés rurales, favorisant ainsi l'accès à une énergie propre et abordable.

Barefoot College[3]

Localisé en Inde, cette initiative forme des femmes rurales à devenir des ingénieurs solaires, leur permettant de générer un revenu tout en apportant une solution énergétique à leurs communautés.

Unilever's Sustainable Living Plan[4]

Localisé un peu partout dans le monde, Unilever a intégré la durabilité dans son modèle commercial en créant des produits abordables et accessibles qui répondent aux besoins nutritionnels tout en soutenant les petits agriculteurs.

Food for the Hungry (FH)[5]

Localisé dans plusieurs pays en développement, FH travaille avec les communautés pour améliorer la sécurité alimentaire et la nutrition par le biais de programmes d'agriculture durable et de sensibilisation.

Ces exemples montrent que le modèle de Grameen Danone peut être adapté à différents contextes et besoins locaux. En intégrant une approche sociale à leurs activités, ces entreprises contribuent non seulement à résoudre des problèmes spécifiques mais aussi à inspirer un changement positif dans leurs communautés.

---

[1] Groupe SOS. Présentation. Consulté sur https://www.groupe-sos.org/le-groupe-sos/presentation

[2] About Grameen Shakti. Consulté sur https://www.gshakti.org/about-us/history

[3] Barefoot College. (2023, 01 avril). Wikipédia. Consulté sur https://www.fr.m.wikipedia.org/wiki/barefoot_college

[4] The Guardian. (2011, 05 octobre). Unilever Sustainable Living Plan. Consulté sur https://www.theguardian.com/sustainable-business/unilever-sustainable-living-plan

[5] Food for Hungry. (2024, 20 avril). Wikipédia. Consulté sur https://www.en.m.wikipedia.org/wiki/food_for_the_hungry

5. Couverture Santé Universelle : Proposition d'une approche plus inclusive au cameroun

À présent que nous avons exploré d'autres modèles dans le monde, nous pouvons aisément finaliser notre proposition d'un bonbon diététique pour un fond d'urgence pour la Couverture Santé Universelle.

Pas de protocole à l'achat, accessible dans toutes les surfaces comme n'importe quels bonbons ordinaires. Mais la sensibilisation qui accompagne sa commercialisation sera axé sur son utilité communautaire. Plusieurs variantes sont à envisager en fonction des profils des consommateurs. L'un au miel pour les enfants, un autre fun et mentholé pour les adultes, un autre aux épices particulières pour les personnes diabétiques et pourquoi pas un autre pour les personnes souffrant de troubles érectiles. Bref il s'agira d'offrir une large gamme de bonbon qui auront à la base une seule caractéristique, c'est qu'ils sont tous diététiques et que les consommer c'est contribuer à la constitution d'un fonds d'urgence sanitaire utile à tout le monde.

Le coût de production de ce bonbon est proche de 5frs alors que sa vente est de 100frs au su du public avec pour justification son utilité publique.

La mise en œuvre d'un tel projet pourra se faire par exemple par une société locale qui exerce déjà dans la fabrication de bonbons.

Une simulation sur une population de 5 millions d'habitants comme c'est le cas dans la ville Douala montre que les revenus générés mensuellement, en supposant que chaque habitant achète un bonbon par mois, s'élève à 500 millions. Soit 6 milliards par an. Il est clair que cette somme ne pourra pas offrir des soins de santé gratuit à toutes les populations de Douala. Mais l'objectif ici est de favoriser la création d'un fonds d'urgence. Car cette assurance vise à couvrir les soins de santé d'urgence dans la ville. C'est le cas par exemple lorsqu'une personne est découverte inconsciente dans la rue après une agression, un viol ou un accident. Conduite à l'hôpital il est courant que les personnels soignants exigent d'être payé en avance quoique les ayant-droits de la victime ne sont même pas au courant. Un tel fond permet de couvrir ce genre de cas. Toute personne qui arrive dans une situation d'urgence dans un hôpital doit être pris en charge jusqu'à stabilisation de sa situation indépendamment de sa situation financière ou de la vérification de son type d'assurance. Et ceci est d'autant plus justifié que ça peut arriver aussi bien à une personne qui, après identification, a une assurance privilégiée. Il sera alors trop tard et le fait d'avoir voulu faire la différence ne sera bénéfique à personne. Tout le monde mérite des soins de santé équitable indépendamment de sa condition sociale.

Cette assurance qui couvre des cas d'extrême urgence complètera celle actuelle qui est davantage destinée aux femmes enceintes et aux enfants de moins de cinq ans. Et qui malheureusement ne couvre toujours que ceux qui ont pu s'acquitter de la modeste contribution. Ce qui nous évitera probablement à l'avenir le spectacle de cette femme enceinte éventrée dans le hall d'un l'hôpital public pour n'avoir pas été pris en charge à temps[1]. Pour aller plus loin, imaginons un modèle de collecte des forfaits de la CSU qui pourrait concerner indirectement toute la population sans que personne ne ressente sur lui le poids d'une charge financière en ces temps difficile. Il s'agit pour cela d'identifier les produits de luxe qui ne sont pas des produits de premières nécéssités. On pense notamment à l'alcool, les cigarettes, les jeux de hasard, les billets de voyages interurbains en classe premium. Une modeste taxe sur ces produits permet de collecter un capital capable de constituer les fonds de démarrage d'une société de gestion de la CSU au Cameroun. Cette société aura pour mission principale de collecter les fonds liés à la CSU, de les gérer, et de renforcer la confiance des populations vis-à-vis d'elle. Elle pourra en outre créer de nouveaux canaux de financement, en favorisant peut-être la naissance des entreprises à caractère social dont la principale responsabilité sociétale sera de verser une part de leur bénéfice dans le fond CSU. Pour plus de crédibilité et pour renforcer la confiance des populations envers cette initiative, le gérant de cette société sera désigné par des membres d'un conseil d'administration constitué en nombre raisonnable par des réprésentant du gouvernement (ministère de la santé, finance notamment), des réprésentant de la société civile et un réprésentant de chaque région élue ou désigné par sa communauté.

En conclusion, il est essentiel de reconnaître l'importance de la sensibilisation à la santé et de la promotion de modes de vie sains pour prévenir les maladies et favoriser le bien-être des individus, en particulier des jeunes, au sein de toutes les communautés. Ce chapitre a mis en lumière plusieurs points clés qui méritent d'être rappelés : la santé est un état complet de bien-être physique, mental et social, et non simplement l'absence de maladie ; la prévention des maladies repose

[1] Affaire Alvine Monique Koumaté. (2024, 27 janvier). Wikipedia. Consulté sur https://fr.m.wikipedia.org/wiki/Affaire_Alvine_Monique_Koumat%C3%A9

sur la promotion d'habitudes de vie saines, telles qu'une alimentation équilibrée, une activité physique régulière, la gestion du stress, une bonne hygiène de vie et une éducation à la santé. Les jeunes constituent une population particulièrement vulnérable, mais également pleine de potentiel pour adopter des comportements favorables à leur santé future ; les actions menées au niveau individuel, familial, scolaire et communautaire sont essentielles pour créer un environnement favorable à la santé et au bien-être des jeunes.

Pour ce qui est de la Couverture Santé Universelle, elle représente une opportunité cruciale pour améliorer l'accès aux soins et le bien-être des populations camerounaises, en particulier des jeunes souvent mal informés sur ses bénéfices. Cependant comme ce chapitre l'a mis en évidence, la réussite de cette initiative dépend non seulement de sa mise en œuvre technique, mais également de la manière dont elle est perçue et adoptée par la population.

Pour pallier les limites actuelles, notamment le déficit de communication et le scepticisme généralisé, il est essentiel d'adopter une approche inclusive qui s'appuie sur des stratégies participatives et adpatées aux réalités locales. Impliquer activement les jeunes dans la promotion et l'évaluation de la CSU, en renfoçant leur confiance dans ce système, pourrait être un levier puissant pour sa réussite.

En définitive, la CSU n'est pas seulement un outil de politique publique, mais également un moteur potentiel de résilience communautaire et d'équité sociale. À travers des initiatives ciblées et une meilleure sensibilisation, elle pourrait devenir un pilier fondenmental pour bâtir un Cameroun où chaque citoyen, quelle que soit sa condition, peut aspirer à un avenir en meilleure santé.

Chapitre 7. Soutien à l'entrepreneuriat local chez les jeunes

Au cœur des Communautés territoriales au Cameroun, un constat s'impose : l'absence flagrante d'une politique d'incitation à la créativité et à l'innovation, entravant ainsi le potentiel des jeunes et des décideurs locaux. Imaginez un instant l'impact qu'une telle politique pourrait avoir sur la vitalité économique, sociale et culturelle de ces communautés. Envisagez également la transformation des mentalités, l'émergence de talents insoupçonnés et la métamorphose des relations entre les acteurs locaux. C'est cette vision éclairée et ambitieuse que nous vous invitons à explorer au fil des pages de ce chapitre.

Plongez avec nous au cœur de ces territoires dynamiques, où l'innovation se fait désirer et où la créativité n'attend qu'un catalyseur pour s'épanouir. Découvrez les défis actuels qui entravent cette effervescence créative, laissez-vous porter par les solutions novatrices que nous proposons et explorez les retombées positives qui pourraient transformer en profondeur ces communautés territoriales.

À travers une réflexion approfondie et des exemples concrets, nous vous invitons à envisager un avenir où la compétition saine, la valorisation des talents locaux et le dépassement de soi deviennent le moteur d'un renouveau tant attendu. Oubliez un instant les contraintes financières, car nous démontrerons que l'innovation peut éclore de façon inattendue, parfois même sans ressources monétaires considérables.

Préparez-vous à être inspiré par des initiatives locales surprenantes, à être ému par le potentiel inexploité des jeunes talents, et à être convaincu que l'incitation à l'innovation au sein des communautés territoriales est bien plus qu'une simple utopie : c'est une réalité en devenir.

En vous plongeant dans les lignes qui suivent, vous acceptez de faire partie intégrante de ce mouvement vers un avenir plus dynamique, plus créatif et plus prometteur pour toutes les communautés territoriales du Cameroun.

1. Les racines de l'immobilisme

Plongeons au cœur des dynamiques sociales, économiques et culturelles qui ont contribué à l'immobilisme actuel au sein des communautés africaines de façon plus générale.

L'entrepreneuriat en Afrique avant l'arrivée du modernisme était un aspect essentiel de la vie économique et sociale du continent. Dans les sociétés traditionnelles africaines, les entrepreneurs jouaient un rôle clé dans le développement des communautés, le commerce interne et externe, ainsi que dans l'innovation et la créativité. Avant l'impact de la colonisation et de l'industrialisation, de nombreux groupes ethniques en Afrique pratiquaient le commerce à petite échelle, l'artisanat, l'agriculture et d'autres formes d'entrepreneuriat.

Par exemple, le commerce transsaharien était structuré autour de caravanes[1], ce qui indique une organisation commerciale bien établie. La spécialisation des nomades, notamment les Berbères, dans l'élevage de dromadaires pour le transport et leur rôle en tant que conducteurs ou guides[2] montrent une forme de division du travail et une expertise dans des domaines spécifiques, caractéristiques de l'entrepreneuriat.

De plus, le fait que les communautés géraient le commerce de manière organisée et souvent familiale[3] souligne un système économique basé sur la coopération et l'initiative individuelle. La nécessité pour ces communautés de s'organiser en réseaux d'information pour suivre les fluctuations des prix[4] montre également une compréhension avancée des dynamiques de marché, ce qui est un aspect clé de l'entrepreneuriat.

Enfin, la préparation minutieuse des caravanes et la prise en compte des risques — comme les pertes dues à l'épuisement des dromadaires ou aux attaques[5] — témoignent d'une planification stratégique et d'une gestion des ressources, éléments essentiels pour tout entrepreneur.

Tous ces aspects indiquent qu'il existait un entrepreneuriat dynamique en Afrique avant la colonisation, centré sur le commerce transsaharien. Les entrepreneurs traditionnels étaient souvent des chefs de famille, des artisans spécialisés ou des commerçants itinérants qui échangeaient des biens et services avec d'autres communautés. Ils étaient agriculteurs, éleveurs, chasseurs, forgerons, artisans, etc. Les marchands locaux vendaient des produits locaux comme des textiles, des épices, des minéraux et d'autres marchandises précieuses.

---

[1] Wikipedia. (2024, 16 juillet). Commerce transsaharien. Consulté sur https://fr.m.wikipedia.org/wiki/Commerce_transsaharien

[2] Idem.

[3] Idem.

[4] Idem.

[5] Idem.

L'entrepreneuriat en Afrique traditionnelle mettait souvent en avant des valeurs telles que la solidarité communautaire, le partage des ressources et la durabilité environnementale. Les entrepreneurs étaient respectés pour leur contribution à la prospérité de la communauté et à la préservation de la culture locale. La richesse se mesurait alors aussi bien à travers des biens matériels qu'immatériels.

Comme possession matériels, l'on peut citer le bétail, les terres agricoles, les métaux précieux, les tissus luxueux ou d'autres marchandises rares et précieuses. Tandis que les biens immatériels sont encore plus nombreux et inutile de souligner que leur possession conduisent finalement le détenteur à posséder des biens matériels au besoin. On peut dénombrer entre autres, la générosité et la capacité à partager ses ressources avec les autres membres de la communauté. Les personnes qui donnaient librement aux autres étaient souvent considérées comme riches non seulement en biens matériels, mais aussi en vertus morales. Les relations sociales, les alliances familiales, les réseaux commerciaux étendus et les liens avec d'autres communautés pouvaient contribuer à accroître la richesse et l'influence d'un individu. L'équivalence aujourd'hui du réseau. Les connaissances et compétences étaient aussi considéré comme une forme de richesse immatériels, ce qui était le cas des guérisseurs, des artisans renommés ou les chefs spirituels en raison de leur expertise unique.

Ces différentes façons de mesurer la richesse reflètent la diversité des valeurs et des systèmes économiques qui prévalaient dans les sociétés africaines traditionnelles. La richesse était souvent perçue de manière holistique, englobant à la fois des aspects matériels et immatériels de la prospérité individuelle et communautaire.

Comprendre l'entrepreneuriat en Afrique avant l'avènement du modernisme va nous permettre de mieux comprendre la fracture[1] qui s'est faite avec l'arrivée des colons - et qui a encore des séquelles

---

[1] Le terme "fracture" fait référence à la rupture historique de l'entrepreneuriat en Afrique due à la colonisation. Avant cette période, l'Afrique possédait des systèmes économiques dynamiques, avec des réseaux commerciaux et des artisans qui jouaient un rôle clé dans leurs communautés. L'arrivée des colons a perturbé ces pratiques, imposant des structures économiques souvent exploitantes et marginalisant les savoirs locaux.
Aujourd'hui, bien que l'entrepreneuriat soit en train de renaître sur le continent, il est souvent perçu comme un concept importé, créant un paradoxe pour les descendants "d'anciens entrepreneurs" qui doivent naviguer entre la valorisation de leurs racines et l'adoption de nouveaux modèles économiques.

jusqu'à nos jours - dans le but de proposer des pistes de solutions. Aussi les sociétés africaines étaient organisées de façon à promouvoir l'entrepreneuriat aussi bien des adultes que des jeunes à travers des initiatives diverses. Notamment des systèmes de soutien à l'entrepreneuriat tels que que les réseaux de solidarités. En effet, les communautés africaines traditionnelles étaient souvent fondées sur des principes de solidarité et d'entraide. Les entrepreneurs bénéficiaient du soutien de leur famille élargie, de leur clan ou de leur groupe ethnique pour démarrer et développer leurs activités commerciales. Le mentorat et la transmission des connaissances faisaient aussi partie initiatives de soutien à l'entrepreneuriat. En effet, les entrepreneurs novices pouvaient bénéficier du mentorat et des conseils d'entrepreneurs plus expérimentés au sein de la communauté. La transmission des connaissances et des compétences était essentielle pour assurer la pérennité des pratiques entrepreneuriales. L'on peut aussi citer l'accès aux ressources comme une forme de soutien à l'entrepreneuriat. Vu que les entrepreneurs avaient généralement accès aux ressources nécessaires pour démarrer et maintenir leurs activités économiques. Cela pouvait inclure l'accès aux terres agricoles, aux outils artisanaux, aux matières premières ou aux capitaux nécessaires pour investir dans le commerce. Enfin, la célébration de la réussite entrepreneuriale était aussi une forme de soutien et non des moindres à l'entrepreneuriat en Afrique avant la colonisation. Les entrepreneurs prospères étaient souvent célébrés et honorés au sein de la communauté pour leurs réalisations. Leur succès servait d'exemple inspirant pour les autres membres de la société et encourageait l'esprit d'entreprise.

Et de façon plus spécifique pour les jeunes, puisqu'il s'agit d'eux dans ce chapitre, le soutien qu'ils recevaient dans le domaine entrepreneurial impliquait en plus de ce que nous venons de citer :

- **Apprentissage intergénérationnel**

Les jeunes aspirants entrepreneurs étaient souvent encouragés à apprendre auprès des aînés et des membres plus expérimentés de la communauté. Ce transfert de connaissances et de compétences se faisait souvent par le biais d'un apprentissage pratique au sein de métiers traditionnels ou de commerces familiaux.

- **Rites de passage**

Dans certaines sociétés africaines, les rites de passage marquaient la transition des jeunes vers l'âge adulte et incluaient des enseignements sur les responsabilités sociales, économiques et entrepreneuriales. Ces rituels permettaient aux jeunes d'acquérir les compétences nécessaires pour réussir dans le monde des affaires.

- **Soutien communautaire**

Les communautés avaient généralement un rôle actif dans le soutien aux jeunes entrepreneurs en leur offrant des opportunités d'apprentissage, d'encouragement et parfois même des ressources matérielles pour démarrer leurs activités.

- **Incitation à l'innovation**

Les jeunes étaient souvent encouragés à développer leur esprit d'entreprise en proposant de nouvelles idées, produits ou services qui répondaient aux besoins de la communauté. Les moyens de communication étaient notamment les contes à travers lesquels l'on célébrait les héros qui, de part leur génie, avait résolu un problème dans la communauté. Les griots chantaient les louanges de ces héros durant des générations comme source d'inspiration pour les générations suivantes. L'innovation était par là-même valorisée et soutenue comme un moyen de stimuler la croissance économique locale.

- **Accès aux réseaux**

Les jeunes entrepreneurs bénéficiaient souvent du soutien de réseaux sociaux étendus au sein de la communauté, ce qui leur permettait d'établir des contacts, de trouver des mentors et d'accéder à des opportunités commerciales.

Ces systèmes de soutien spécifiques aux jeunes entrepreneurs contribuaient à créer un environnement favorable à l'émergence de nouvelles initiatives commerciales, à encourager l'indépendance économique des jeunes et à promouvoir le développement durable au sein des sociétés africaines traditionnelles et d'assurer la relève.

Dans une Afrique moderne, nous sommes en droit de nous interroger sur le fait que les initiatives de soutien à l'entrepreneuriat soient importées comme des concepts étrangers et complexe à mettre en place. Mais d'où est venu cette rupture ?

Il est indéniable que l'arrivée du modernisme a entraîné des changements significatifs dans les communautés africaines. On peut y percevoir un déphasage entre les anciens systèmes de soutien à l'entrepreneuriat et les réalités actuelles. Notamment :

- **L'impact du modernisme :** L'urbanisation, l'industrialisation, l'éducation formelle et l'influence croissante de la mondialisation ont modifié les structures sociales et économiques des sociétés africaines. Ces changements ont affecté les traditions et les systèmes de soutien communautaires qui étaient autrefois essentiels pour les entrepreneurs.

- **Les bouleversements sociaux :** Les bouleversements sociaux causés par le modernisme ont eu des répercussions sur les pratiques entrepreneuriales traditionnelles. Les jeunes ont été confrontés à de nouveaux défis et opportunités en raison des transformations rapides de leurs environnements économiques et sociaux.

Il est indéniable que la structure organisationnelle qui soutenait l'entrepreneuriat dans nos communautés a été profondément altérée. Aujourd'hui, c'est la mairie qui régule l'activité économique, mais force est de constater que les maires et les élus locaux semblent souvent déconnectés des valeurs traditionnelles qui ont historiquement guidé nos sociétés. Ils évoluent dans un système importé qui encourage une dépendance excessive aux ressources extérieures, sans prendre en compte les réalités locales et les principes d'équité.

Ces élus se positionnent comme des régulateurs de l'activité économique, dictant des politiques d'imposition et, au mieux, construisant et maintenant les circuits d'approvisionnement. Ils agissent comme intermédiaires - et non comme des représentants - entre l'État, diverses organisations et leurs communautés pour transmettre des informations importantes, telles que les campagnes de prévention des maladies. Cependant, ils négligent l'essentiel : créer et renforcer les liens au sein de leur communauté. Élément essentiel de la création durable de richesse.

Il est crucial qu'ils favorisent le développement de richesses tant morales que physiques. En d'autres termes, ils doivent œuvrer pour prévenir ce qu'ils contribuent à éradiquer : la maladie, l'épidémie, la pauvreté, etc. Cela nécessite de mettre la communauté au cœur de leurs responsabilités et d'adopter une approche plus inclusive et respectueuse des traditions locales.

Bien évidemment il convient de reconnaître que chaque société africaine est unique et que les impacts du modernisme varient d'une communauté à une autre. Déjà que certaines communautés plus que d'autres au Cameroun s'efforcent à préserver ces valeurs dans le temps indépendamment des mairies. C'est le cas des Massa, des Bamiléké et des Beti au Cameroun qui le font à travers des associations fortes. Notamment lorsque dans ces associations sont insérées des tontines dont l'objectif est spécifiquement de constituer un capital de démarrage d'une activité économique à chaque membre[1].

Toutefois, il nous semble essentiel de trouver un équilibre entre l'innovation et le respect des traditions pour soutenir efficacement l'entrepreneuriat des jeunes dans un contexte en évolution.

En comprenant pleinement ces racines profondes de l'immobilisme, nous serons mieux armés pour envisager des stratégies efficaces visant à promouvoir l'innovation et la créativité au sein de ces communautés territoriales. En nous inspirant notamment de cet héritage post-colonial que nous saurons adapter au contexte actuel.

2. Création d'incubateurs locaux : Exploration du rôle des incubateurs d'entreprises locaux dans le soutien à la création d'entreprises par les jeunes

Imaginez un lieu au cœur de votre communauté, un espace vibrant où les jeunes esprits entreprenants se rencontrent, partagent leurs idées, et développent leurs projets sans être limités par le manque de financements externes. Bienvenue dans l'univers des incubateurs d'entreprises locaux, conçus pour soutenir et stimuler la créativité entrepreneuriale des jeunes, en utilisant les ressources internes de la communauté et en s'appuyant sur la volonté collective de faire émerger une nouvelle génération d'entrepreneurs dynamiques. Ceci nous rappelle sans doute notre **école professionnelle communautaire** créé au chapitre 5. Un incubateur dans une école est l'idéal. D'ailleurs dans son souci de professionnaliser les universités au Cameroun et de lutter contre le chômage, l'État entend de transformer les universités en véritable germoir de naissance d'entreprise[2]. Donc d'incubateur. Même si les universités ne sont pas répandues dans les communautés locales, les écoles techniques d'enseignement secondaire peuvent tout à fait héberger des mini incubateurs d'entreprises. C'est une pratique de plus en plus courante, car cela présente plusieurs avantages pour les élèves

---

[1] Séverin Cécile Abéga et Noël Solange Ngo Yebga, << La prise en charge de la santé par les associations du quartier Biyem Assi (Yaoundé)>>, Bulletin de l'APAD [En ligne], 21 | 2001, mis en ligne le 12 avril 2007, consulté le 08 septembre 2020. URL : http://journals.openedition.org/pas/97 ; DOI : http://doi.org/10.4000/apad.97

[2] Patricia Ngo Ngouem. (2024, 28 février). Le Cameroun lance la construction d'un incubateur de start-ups de 450 millions de FCFA, grâce à la BDEAC. Consulté sur https://www.investiraucameroun.com/gestion-publique/2802-20383-le-cameroun-lance-la-construction-d-un-incubateur-de-start-ups-de-450-millions-de-fcfa-grace-a-la-bdeac

et les jeunes entrepreneurs en herbe. Voici quelques-uns de ces avantages :

D'abord cette approche favorise la proximité avec les ressources éducatives. En étant situés au sein d'une école technique, les incubateurs peuvent bénéficier de la proximité avec des ressources pédagogiques et des experts dans des domaines spécifiques tels que la technologie, l'ingénierie ou d'autres disciplines techniques.

Ensuite cette approche encourage l'entrepreneuriat chez les jeunes. En effet l'hébergement d'un incubateur au sein d'une école technique peut encourager les élèves à développer leur esprit entrepreneurial, à explorer des idées innovantes et à envisager la création de leur propre entreprise à l'avenir.

Par ailleurs utiliser les écoles d'enseignement technique comme incubateur offre des opportunités de collaboration. Les jeunes entrepreneurs qui bénéficient de l'accompagnement d'un incubateur situé dans une école technique peuvent avoir l'opportunité de collaborer avec des étudiants ou des enseignants pour développer et tester leurs produits ou services.

D'un autre côté, cette aproche favorise l'accès à des équipements spécialisés. Les écoles techniques sont souvent équipées de laboratoires, d'outils spécialisés et d'autres équipements qui peuvent être utiles aux entrepreneurs pour la conception de prototypes ou le développement de leurs projets. Il est vrai que la pluspart des écoles techniques sont souvent pauvres dans ce sens. Mais les bases étant déjà fixé, l'incubateur qui se greffe n'aura pas a rééinventé la roue. Il pourra juste apporter sa part de contribution pour améliorer la qualité des laboratoires. Ce sera gagant-gagnant. Il faudrait se référer au chapitre 5 sur l'école communautaire, il va de soit que les ressources seront partagées.

Enfin, cette approche favorise l'encadrement par des professionnels qualifiés. Et oui les incubateurs hébergés dans des écoles techniques peuvent bénéficier de l'expertise de professionnels qualifiés dans divers domaines techniques pour accompagner les entrepreneurs dans le développement de leurs projets.

En somme, l'hébergement d'incubateurs d'entreprises au sein d'écoles techniques peut contribuer à créer un environnement propice à l'innovation, à l'apprentissage pratique et au développement de compétences entrepreneuriales chez les jeunes. C'est une belle initiative qui peut avoir un impact positif sur la formation et l'orientation professionnelle des élèves. Maintenant reflechissons sur la recherche des ressources pour faciliter la mise en place de cette approche.

3. Les opportunités de financement innovantes

Une première approche pour trouver les ressources à la création des incubateurs locaux serait de rentabiliser les écoles techniques elle-même. Et il n'est pas question de réinventer la roue car cela se fait déjà de façon informelle. Il faudra juste l'amplifier et l'encadrer. De plus en plus dans les écoles techniques aussi bien dans les villes que dans les campagnes, la main-d'œuvre des élèves est utilisée de façon informelle pour des tâches en dehors du campus et encadré par leurs enseignants. Il est louable de chercher des solutions innovantes pour rentabiliser ces établissements et offrir des opportunités supplémentaires aux élèves, tout en soulageant la pression sur les ressources gouvernementales. Cependant il serait louable de formaliser cette approche en la jumelant avec les incubateurs intégrés. Sous le regard de l'exécutif municipal et l'encadrement des chefs d'établissements concernés.

En effet, en structurant ces activités et en veillant à ce qu'elles bénéficient directement au développement de l'établissement et au bien-être des élèves, il serait possible de générer des revenus supplémentaires pour financer des initiatives telles que l'amélioration des installations laborantines, l'octroi de bourses, la construction d'infrastructure supplémentaire. Mieux encore, ces revenus pourraient soulager l'une des revendications des enseignants au sujet des primes de rendements. Comme dans la majorité des corps de métiers, les primes de rendements sont le fruit d'une portion de l'argent généré localement dans l'institution et non pas d'un argent envoyé par le ministère en charge des finances. L'on ne peut donc être surpris de constater que dans la majorité des établissements d'enseignement secondaire, cette prime est souvent dérisoire, car elle n'est qu'une portion de la modeste scolarité des élèves. Qu'en est-il lorsqu'un établissement possède moins de cinq cents élèves ? Dégagé d'autres revenus dans un établissement autre que les scolarité aura pour effet immédiat de dégager des primes conséquentes pour le personnel.

Ce type de partenariat – école d'enseignement technique et incubateurs - peut également contribuer à sensibiliser les autorités locales à l'importance de soutenir activement l'éducation technique dans leurs communautés, tout en favorisant la création d'un écosystème éducatif plus solide et durable.

Il va sans dire qu'il est essentiel que ces activités hors campus restent alignées sur les objectifs pédagogiques et le bien-être des élèves, tout en respectant les normes éthiques et légales. Un encadrement solide, une transparence dans l'utilisation des revenus générés et une implication continue des parties prenantes seront nécessaires pour garantir le succès de cette approche.

Une seconde approche pour mettre en place des incubateurs d'entreprises locaux sans dépendre entièrement de financements externes serait de s'appuyer sur les ressources et les compétences disponibles au sein des communautés locales. Voici quelques idées sur la manière dont cela pourrait être réalisé en utilisant des moyens locaux autres que les moyens financiers :

- **Partage de connaissances et compétences** : Encourager les entrepreneurs expérimentés, les professionnels locaux et les membres de la communauté à partager leurs connaissances, compétences et expériences avec les jeunes entrepreneurs. Même ceux ayant travaillé dans des contrées lointaines et qui rentrent jouir de leurs retraites au sein de la communauté. Elle n'en sera que plus belle. Cela peut se faire à travers des sessions de mentorat, des ateliers de formation ou des événements de réseautage.
- **Utilisation des infrastructures existantes** : Identifier et utiliser les espaces communautaires disponibles tels que les bibliothèques, les centres culturels, les écoles ou les espaces de coworking pour héberger les activités des incubateurs. Cela permet de réduire les coûts liés à la location d'espaces.
- **Collaboration avec des partenaires locaux** : Établir des partenariats avec des entreprises locales, des institutions éducatives, des associations professionnelles ou des organisations communautaires pour bénéficier de leur soutien logistique, matériel ou humain.
- **Volontariat et engagement communautaire** : Mobiliser des volontaires au sein de la communauté pour soutenir les activités de l'incubateur, que ce soit en tant que mentors, formateurs ou organisateurs d'événements. L'engagement communautaire peut être une ressource précieuse pour faire fonctionner l'incubateur.
- **Échange de services et de ressources** : Encourager l'échange de services et de ressources entre les membres de la communauté et les jeunes entrepreneurs, par exemple en mettant en place un système d'échange de compétences ou en favorisant le partage d'outils et d'équipements.

En combinant ces approches et en s'appuyant sur l'engagement et la solidarité au sein de la communauté locale, il est possible de créer un incubateur d'entreprises dynamique et durable qui soutient efficacement la création d'entreprises par les jeunes sans dépendre entièrement de financements externes.

La création d'un incubateur d'entreprises local sans recourir à des financements extérieurs peut sembler un défi de taille, mais en réalité, c'est une opportunité de mobiliser les ressources déjà présentes au sein de la communauté pour soutenir efficacement les jeunes entrepreneurs. En s'appuyant sur l'engagement des acteurs locaux et en exploitant les infrastructures existantes, il est possible de créer un environnement propice à l'innovation et à la croissance des startups locales. De la mise à disposition d'espaces de travail partagés à l'organisation de programmes de mentorat en passant par l'accès à des formations spécialisées, chaque pierre angulaire de cet écosystème entrepreneurial peut être construite avec les moyens internes disponibles au sein de la communauté. Il suffit juste d'un peu de mobilisation et de la volonté collective de voir émerger une nouvelle génération d'entrepreneurs prospères et nous voilà parti pour une aventure passionnante qui témoigne du potentiel entrepreneurial intrinsèque à chaque communauté et qui ouvre la voie à un avenir où l'innovation et la créativité locale sont pleinement valorisées.

4. Développement de réseaux de soutien : Discussion sur l'importance de créer des réseaux locaux de soutien aux jeunes entrepreneurs, incluant mentorat, financement participatif et accès aux ressources locales.

Comme évoqué dans ce chapitre, notre objectif est de nous inspirer de l'entrepreneuriat en Afrique précoloniale afin de proposer un modèle qui corrige les fractures actuelles et réconcilie le continent avec ses propres valeurs. Dans cette perspective, nous allons examiner l'importance de développer des réseaux de soutien pour les jeunes entrepreneurs, en incluant des éléments tels que le mentorat, le financement participatif et l'accès aux ressources locales.

Ce modèle de développement se manifeste, bien que de manière limitée, dans certaines régions du Cameroun, notamment à travers les coopératives agricoles. Ces structures représentent un véritable foyer d'inclusion pour les jeunes, leur offrant un accès facilité aux terres, aux intrants et au crédit. Elles jouent également un rôle actif dans le soutien à des projets communautaires, tels que la construction de forages ou la réhabilitation de salles de classe[1]. Ce modèle peut être adapté et appliqué à d'autres secteurs pour favoriser une dynamique similaire. Globalement on peut observer plusieurs variantes des points suivants :

- **Mise en place de structures de soutien communautaires**

S'inspirer des pratiques traditionnelles de solidarité et d'entraide en Afrique pour créer des structures de soutien communautaires dédiées aux entrepreneurs locaux. Ces structures pourraient offrir un accompagnement personnalisé, des conseils pratiques et un réseau de contacts utiles. C'est notamment le cas dans les coopératives agricoles des régions septentrionales lorsqu'un membre peut bénéficier d'une formation en nouvelles techniques culturales par divers partenaires tels que des ONG ou le gouvernement, mais aussi la gestion des conflits divers, notamment avec des éleveurs[2].

- **Promotion de la culture de l'épargne et du micro-financement**

Encourager la culture de l'épargne au sein des communautés locales en mettant en place des initiatives de micro-financement qui permettent aux membres de la communauté de contribuer financièrement au développement des projets entrepreneuriaux locaux. Par exemple dans le cas des coopératives agricoles des régions septentrionales, les membres ont accès au crédit pendant les périodes creuses pour faire face aux aléas du quotidien en attendant de vendre leurs récoltes[3]. Tandis que dans plusieurs communautés où les agriculteurs évoluent en solitaire, ils sont souvent parfois obligés de vendre leurs productions à crédits avant les récoltes et à des taux d'usures. Pire ils prennent même le risque de perdre leur parcelle en cas de mauvaises récoltes ou dans le meilleur des cas de sortir très endettés.

- **Organisation d'événements de financement participatif**

Organiser des événements ou des campagnes de financement participatif au sein des petites communautés pour mobiliser les ressources financières nécessaires au lancement ou au développement des entreprises locales. Ces initiatives pourraient être soutenues par des plateformes en ligne ou des partenariats avec des acteurs locaux.

- **Création de réseaux d'entrepreneurs locaux**

---

[1] Mewouth Thang, A. G. (2021, avril). L'entrepreneuriat coopératif, levier du développement territorial dans les régions septentrionales du Cameroun. RECMA, pp. 81-97.

[2] Idem.

[3] Idem.

Faciliter la création de réseaux d'entrepreneurs locaux où les membres peuvent partager leurs expériences, leurs compétences et leurs ressources pour se soutenir mutuellement dans leurs projets. Ces réseaux pourraient également servir de plateforme pour identifier des opportunités de collaboration et d'investissement. Dans l'exemple des coopératives agricoles des régions septentrionales du Cameroun, accepter d'adhérer à la coopérative c'est bénéficier de des meilleurs prix pour les intrants agricoles ainsi que pour la vente des récoltes de façon groupé[1].

- **Formation et sensibilisation**

Organiser des sessions de formation et de sensibilisation sur les avantages du financement participatif, les bonnes pratiques en matière d'entrepreneuriat et les opportunités offertes par le développement de réseaux de soutien au sein des petites communautés.

En s'inspirant des modèles traditionnels d'entrepreneuriat en Afrique, il est possible de créer des environnements favorables à l'émergence et à la croissance d'entreprises locales durables et ancrées dans leurs communautés. Le développement des réseaux de soutien et du financement participatif peut jouer un rôle clé dans cet écosystème entrepreneurial dynamique.

5. Et la place du mentorat

Le mentorat joue un rôle crucial dans le développement des jeunes entrepreneurs en leur offrant des conseils pratiques, une orientation stratégique et une mise en relation avec des contacts précieux. Les mentors expérimentés peuvent partager leurs connaissances et leurs expériences, aidant ainsi les jeunes entrepreneurs à éviter les pièges courants et à maximiser leurs chances de réussite.

Le financement participatif, ou crowdfunding, est un moyen novateur de mobiliser des ressources financières auprès de la communauté locale pour soutenir les projets entrepreneuriaux. En permettant aux membres de la communauté d'investir directement dans des initiatives locales, le financement participatif renforce le sentiment d'appartenance et favorise l'implication active dans le succès des entreprises émergentes.

L'accès aux ressources locales est également essentiel pour les jeunes entrepreneurs, car cela leur permet de bénéficier

[1] Idem.

d'infrastructures, de fournisseurs et de partenariats locaux qui peuvent soutenir leur croissance. En établissant des liens avec d'autres entreprises, organisations et institutions locales, les jeunes entrepreneurs peuvent tirer parti d'un écosystème dynamique qui favorise l'innovation et la durabilité.

En résumé, la création de réseaux locaux de soutien aux jeunes entrepreneurs est fondamentale pour favoriser un environnement propice à l'entrepreneuriat et à l'innovation au sein des communautés. Ces réseaux offrent non seulement un soutien pratique, mais contribuent également à renforcer le tissu social et économique local en encourageant la collaboration, la création d'emplois et la prospérité durable.

6. Impact économique et social : Analyse de l'impact positif de l'entrepreneuriat chez les jeunes sur l'économie locale, la création d'emplois et le renforcement du tissu social.

L'entrepreneuriat chez les jeunes peut avoir un impact significatif sur l'économie locale au vu de leur nombre. En encourageant la création et la croissance d'entreprises dirigées par des jeunes, on stimule l'innovation, la concurrence et la diversification économique au niveau local. Ces entreprises apportent souvent de nouvelles idées, des produits innovants et des services spécialisés qui enrichissent le tissu économique de la communauté.

De plus, l'entrepreneuriat chez les jeunes est un moteur important de création d'emplois au niveau local. Les jeunes entrepreneurs sont souvent enclins à embaucher des membres de leur communauté, ce qui contribue à réduire le chômage et à dynamiser le marché du travail. En offrant des opportunités d'emploi et en favorisant la croissance économique, ces entreprises participent activement au développement durable de la région.

En outre, l'entrepreneuriat chez les jeunes renforce le tissu social en favorisant la collaboration, l'échange de connaissances et la cohésion communautaire. Ces entrepreneurs sont souvent impliqués dans des initiatives locales, soutiennent des causes sociales et contribuent à créer un environnement favorable à l'engagement civique et à la responsabilité sociale des entreprises.

L'analyse de l'impact économique et social de l'entrepreneuriat chez les jeunes souligne son rôle essentiel dans la stimulation de l'économie locale, la création d'emplois et le renforcement des liens sociaux. Les jeunes entrepreneurs apportent des idées novatrices, des produits et des services uniques qui enrichissent le paysage économique, tout en offrant des opportunités d'emploi et en favorisant l'engagement communautaire.

En conclusion, soutenir l'entrepreneuriat chez les jeunes est un investissement dans l'avenir des communautés, car cela favorise la prospérité économique, la création d'emplois et la cohésion sociale. Encourager et soutenir la prochaine génération d'entrepreneurs est essentiel pour assurer un avenir dynamique et florissant pour nos collectivités locales.

Partie 2. de l'émergence du Cameroun à l'horizon 2035

Au cœur de la vision ambitieuse du Cameroun pour l'horizon 2035 réside un acteur essentiel, porteur de rêves, d'innovations et de dynamisme : la jeunesse. Imaginez un pays où l'esprit d'entreprise foisonne, où l'éducation est une passerelle vers l'excellence, et où chaque jeune est encouragé à devenir un artisan du changement. Bienvenue dans le récit enivrant de la contribution inestimable des jeunes à l'émergence nationale.

Dans un monde en perpétuelle mutation, les jeunes se dressent comme des pionniers de la transformation, portant sur leurs épaules le fardeau exaltant de bâtir un avenir radieux pour le Cameroun. Leur élan créatif, leur soif inextinguible de progrès et leur volonté indomptable sont les fondations sur lesquelles repose l'espoir d'une nation émergente et prospère.

À travers ces pages, plongez au cœur d'une aventure palpitante où les destins se tissent, se croisent et s'élèvent. Découvrez comment chaque idée novatrice, chaque projet audacieux et chaque rêve porté par la jeunesse concourt à façonner un Cameroun vibrant d'énergie et résolu à conquérir de nouveaux horizons.

En embrassant cette vision collective, nous sommes conviés à célébrer le génie créatif des jeunes, à nourrir leur esprit visionnaire et à leur offrir les clés d'un avenir empreint de promesses. Ensemble, plongeons dans cette épopée captivante où les jeunes se hissent au-devant de la scène pour écrire le prologue d'une renaissance nationale.

Chapitre premier. Introduction : Engager la Jeunesse pour l'Émergence Nationale

L'avenir d'une nation repose incontestablement sur la force et la vision de sa jeunesse. Au Cameroun, comme ailleurs, les jeunes constituent le fer de lance de tout projet de développement et d'émergence. C'est dans cette perspective que s'inscrit le présent chapitre, dédié à l'invitation lancée à la jeunesse camerounaise pour qu'elle s'engage activement dans la construction d'un avenir prospère et durable pour le pays.

En articulant leur propre émergence personnelle avec la vision nationale pour l'horizon 2035, les jeunes sont appelés à jouer un rôle central dans la transformation socio-économique du Cameroun. À travers ce chapitre, nous explorons les opportunités et les défis qui se présentent à cette jeunesse dynamique, créative et ambitieuse. Nous mettons en lumière les voies par lesquelles les jeunes peuvent contribuer de manière significative à la réalisation des objectifs nationaux tout en poursuivant leur propre épanouissement personnel et professionnel.

En invitant les jeunes à réfléchir de manière proactive sur leur place dans la société et sur les moyens d'impulser un changement positif, nous nourrissons l'espoir d'une génération engagée, responsable et visionnaire. Ce chapitre se veut ainsi une source d'inspiration et un appel à l'action pour tous ceux qui croient en un avenir meilleur pour le Cameroun.

1. Mise en lumière de l'importance du rôle des jeunes dans l'émergence du Cameroun à l'horizon 2035

Dans le cadre de la vision du Cameroun pour l'émergence d'ici 2035, chaque jeune est invité à adopter une approche proactive en cultivant son propre développement, plutôt que de se contenter d'être un simple acteur de l'émergence nationale. Il s'agit d'une réflexion personnelle et collective, répondant à cette question : "Oui, le Cameroun sera émergent, mais moi, serai-je également émergent à l'horizon 2035 ?"

L'émergence est souvent associée à des infrastructures modernes comme les routes, les hôpitaux, les écoles et les centres commerciaux, mais il ne suffit pas de construire pour garantir un accès universel et équitable. Dans certains pays développés, l'éducation de qualité ou un logement décent reste hors de portée pour certains citoyens, montrant que le Cameroun doit tirer des leçons des réussites et des limites de modèles étrangers. Il est donc crucial que la jeunesse camerounaise - cette portion de la population qui est la plus vulnérable - se mobilise et prenne part activement aux discussions et décisions nationales, et qu'elle n'attende pas que les opportunités lui soient simplement offertes. En clair les jeunes doivent s'inviter sur la table des négociations plutôt que de s'attendre à y être convié. Il ne s'agira non plus pour eux de choisir entre la concrétisation de leur rêve de vie et leur contribution à l'émergence, mais la capacité à joindre les deux. Faire entendre sa voix dans un contexte contemporain semble plus accessible par des chemins revolutionnaires et illégaux si l'on s'en tient aux discours partisans de certaines élites politiques qui essayent de rallier les jeunes à leur cause au péril de leurs avenirs. Mais construire son avenir en faisant écho de sa voix dans sa communauté est accessible par des voies légales. La tâche n'est certe pas aisée mais des modèles d'inspirations existent.

Voyons l'engagement de Wangari Maathai, écologiste kényane et lauréate du prix Nobel de la paix[1], qui illustre bien le pouvoir de l'action légale et constructive. Wangari a mobilisé sa communauté pour planter des millions d'arbres au Kenya, une initiative visant à lutter contre la déforestation et les effets du changement climatique. Malgré des pressions politiques intenses, elle est restée fidèle aux voies légales, ce qui lui a permis de gagner une reconnaissance mondiale et d'inspirer des générations. Son parcours rappelle que même en affrontant des défis majeurs, il est possible de transformer la société en s'appuyant sur des méthodes pacifiques et légales.

À contrario, les protestations contre le Dakota Access Pipeline (DAPL) aux États-Unis montrent un contraste saisissant avec la lutte de Wangari Maathai. Les membres des tribus autochtones, soutenus par des activistes écologistes, se sont mobilisés pour protéger leurs terres sacrées et leur eau potable. Bien que leurs revendications soient légitimes, certaines actions employées, comme des intrusions sur des terrains privés et des blocages de chantier, ont été considérées illégales par les autorités américaines. En conséquence, plus de 750 manifestants ont été arrêtés entre 2016 et 2017, et certains ont été inculpés pour des actes qualifiés de sabotage. L'exemple de Jessica Reznicek[2], condamnée pour des sabotages visant le pipeline, démontre les risques

[1] Wangari Muta Maathai. (2024, 02 juillet). Consulté sur https://fr.m.wikipedia.org/wiki/Wangari_Muta_Maathai

[2] Des protecteurs de l'eau, pas des terroristes ! (2024). Consulté sur https://supportjessicareznicek.com

associés à des méthodes illégales, bien que ces actions visaient à attirer l'attention sur des enjeux environnementaux graves.

Ces deux parcours illustrent l'importance d'un engagement stratégique. Tandis que l'approche légale de Wangari a abouti à des changements durables, les actions illégales dans le cadre du DAPL ont exposé les militants à de lourdes répercussions, détournant parfois l'attention de leur cause. Pour la jeunesse camerounaise, cela souligne la nécessité de privilégier des stratégies légales, innovantes et pacifiques, de défendre avec détermination les causes justes, tout en évitant les pièges de la violence, de la désobéissance irresponsable et de la manipulation des réseaux sociaux — toutes choses qui risquent de nuire à la légitimité de la cause et d'entraîner des conséquences dommageables pour les personnes impliquées.

La désobéissance civile, si elle est irresponsable, peut devenir contre-productive, mettant en danger la sécurité publique ou violant les lois de manière flagrante. De même, l'usage de discours haineux, qui devient le terrain de certains activistes en quête de popularité, à travers des propos discriminatoires, tribalistes ou violents, tend à diviser plutôt qu'à rassembler. En outre, les manipulations des médias sociaux, comme la propagation de fausses informations, peuvent compromettre la crédibilité d'un mouvement et semer la confusion.

Les jeunes Camerounais peuvent tirer de ces exemples des leçons précieuses pour bâtir une société émergente et inclusive, fondée sur des initiatives constructives et un engagement personnel solide.

2. Invitation à une réflexion proactive : comment les jeunes peuvent contribuer à la vision nationale tout en forgeant leur propre réussite ?

Dans un contexte où la réussite individuelle est intimement liée au progrès collectif, il est essentiel de reconnaître que l'émergence nationale repose d'abord sur l'épanouissement personnel de chaque citoyen. En développant confiance en soi, solidarité et esprit d'entraide, chacun contribue activement à une société plus prospère et équilibrée.

Le scepticisme autour de l'émergence nationale pourrait traduire un manque de confiance en ses propres capacités et celles de ses concitoyens. Cependant, au lieu de se limiter à un simple concept, l'émergence nationale pourrait être perçue comme le résultat des réussites individuelles de chaque membre de la société.

Réfléchir à la manière dont les jeunes peuvent contribuer à la vision nationale, tout en construisant leur propre avenir, c'est aussi comprendre que leur implication ne se limite pas à l'échelle nationale. En investissant dans leur développement personnel et en prenant conscience de leur rôle dans le progrès collectif, les jeunes participent non seulement à l'émergence du pays, mais sculptent également leur propre chemin vers le succès.

À travers le développement personnel et l'engagement civique, les jeunes deviennent des acteurs clés de l'avenir de leur communauté et de leur nation. En valorisant leur responsabilisation et leadership, nous favorisons une émergence nationale inclusive et durable. Le Cameroun de demain sera forgé par la vision et l'action des jeunes d'aujourd'hui. Leur capacité à innover et à entreprendre jouera un rôle décisif dans l'atteinte des objectifs de 2035.

Les jeunes Camerounais doivent saisir leur potentiel et celui de leurs pairs comme moteurs de prospérité. Leur implication active dans les sphères sociales, économiques et politiques n'est pas seulement souhaitable, mais indispensable pour bâtir une nation forte et résiliente. En cultivant l'initiative, l'innovation et la responsabilité, les jeunes transforment les défis en opportunités et les obstacles en tremplins vers la réussite.

En adoptant une approche proactive, ils influencent positivement les événements tout en alignant leurs aspirations individuelles avec la vision collective du pays. Encourager les jeunes à penser stratégiquement à leur contribution aux objectifs nationaux tout en poursuivant leur propre épanouissement crée une génération dynamique, responsable et visionnaire. Des modèles inspirants sont connus de tous. Peut-être faut-il énumérer de façon non exhaustive des figures emblématiques camerounaises qui ont contribué ou continue de le faire ainsi que leur impact ?

Peut-on manquer d'avoir une pensée pour le regretté Manu Dibango qui a fait la fierté du cameroun et de l'Afrique toute entière en faisant rayonner les rythmmes du pays sur la scène musicale mondiale ? Avec sa fusion de jazz, d'afrobeat, de funk, il a contribué à populariser la musique africaine à l'échelle mondiale et à promouvoir la diversité africaine.

Peut-on ignorer la légende du football africain, Roger Milla, célèbre pour ses performances lors de la Coupe du Monde FIFA 1990 en Italie ? Celui qui a inspiré toute une génération de jeunes footballeurs au Cameroun et en Afrique.

Peut-on ignorer Chantal Biya, première Dame du Cameroun depuis 1994 connue pour son engagement en faveur de l'éducation, de la santé et du bien-être des populations vulnérables. Celle là qui est impliquée dans plusieurs initiatives sociales et humanitaires à travers la Fondation Chantal Biya.

Peut-on à côté de cela manquer de mentionner Kah Walla, femme politique et entrepreneure et figure de proue de l'activisme politique au Cameroun ? Celle là qui a fondé le mouvement politique "Cameroon People's Party" et milite pour la démocratie, la gouvernance transparente et l'autonomisation des citoyens. Ou encore Aminatou Ahidjo, Femme politique et militante camerounaise engagée en faveur des droits des femmes, de l'éducation et du développement communautaire ? Celle là qui a joué un rôle clé dans la promotion de l'autonomisation des femmes au Cameroun.

Bien sûr il existe de nombreux exemples et dans les chapitres suivants nous aurons l'occasion de célébrer ces modèles inspirants pour les jeunes.

En conclusion de ce chapitre introductif, il apparaît clairement que la jeunesse est au cœur de la vision ambitieuse du Cameroun pour l'horizon 2035. Les jeunes sont présentés comme des acteurs clés, porteurs d'innovation, de dynamisme et de créativité, essentiels à la construction d'un avenir radieux pour le pays.

À travers ce récit enivrant, on comprend que les jeunes sont appelés à devenir des artisans du changement, à s'engager pleinement dans la transformation socio-économique du Cameroun et à contribuer activement à son émergence nationale. Leur élan créatif, leur soif de progrès et leur volonté indomptable sont autant de qualités qui nourrissent l'espoir d'une nation vibrante et prospère.

En embrassant cette vision collective et en célébrant le génie créatif des jeunes, nous sommes invités à soutenir leur esprit visionnaire et à leur offrir les opportunités nécessaires pour concrétiser leurs idées novatrices et leurs projets audacieux. Ensemble, en plongeant dans cette épopée captivante où les jeunes écrivent le prologue d'une renaissance nationale, nous pouvons construire un Cameroun résolument tourné vers l'avenir et prêt à conquérir de nouveaux horizons. À la suite de ce chapitre introductif, nous allons explorer les aspirations profondes des jeunes, mettre en lumière les réussites brillantes et impactant des jeunes camerounais et dévoiler les opportunités qui s'offrent dans une économie émergente.

et du bien-être des populations vulnérables. [illegible]

Chapitre 2. Aspirations des jeunes dans un Cameroun émergent

Le chapitre que nous abordons ici se penche de manière approfondie sur les aspirations, les défis et les préoccupations des jeunes en relation avec l'émergence nationale. Nous allons explorer les rêves et les ambitions de la jeunesse, ainsi que les obstacles qui se dressent sur leur chemin dans la concrétisation de ces aspirations au sein de la vision émergente du pays. En mettant en lumière les opportunités et les défis perçus par cette nouvelle génération, nous espérons offrir un regard éclairant sur le futur du Cameroun.

1. Exploration des aspirations, des défis et des préoccupations spécifiques des jeunes en lien avec l'émergence nationale

Commençons par explorer les aspirations profondes, les défis pressants et les préoccupations spécifiques qui animent la jeunesse camerounaise dans le contexte de l'émergence nationale. Pour cela plongeons au cœur des rêves, des désirs et des obstacles qui façonnent l'expérience des jeunes alors qu'ils aspirent à contribuer à la vision d'un Cameroun émergent à l'horizon 2035.

Les aspirations des jeunes sont profondément liées à leur désir de voir propérer le Cameroun. Ils souhaitent avoir des opportunités équitables pour s'éduquer, se former professionnellement et contribuer activement à la croissance économique. Cependant, les défis auxquels ils sont confrontés sont nombreux, notamment l'accès limité à des emplois de qualité, des infrastructures insuffisantes et des opportunités d'entrepreneuriat restreintes. Ces défis peuvent freiner la réalisation des aspirations des jeunes et nuire à leur engagement pour l'émergence nationale.

Imaginez une jeune étudiante à Douala, pleine de passion et d'ambition, rêvant de devenir une entrepreneure prospère et de jouer un rôle actif dans la transformation économique de son pays. Quelles sont ses aspirations profondes ? Quels défis rencontre-t-elle dans la poursuite de ses rêves ? Comment perçoit-t-elle son propre avenir dans le contexte de l'émergence nationale ?

De même, considérons un jeune homme passionné par le travail de la terre et évoluant dans une zone rurale animée par le désir de créer tout un empire agricole. Quelles sont ses préoccupations spécifiques en lien avec l'émergence nationale ? Quels obstacles entravent sa capacité à concrétiser ses idéaux dans un Cameroun en pleine transformation ?

Quittons donc ces pages pour répondre à ces interrogations et naviguer au cœur des réalités que vivent les jeunes au quotidien.

Dans les rues animées de Yaoundé, la capitale bouillonnante du Cameroun, réside une génération de jeunes rêveurs et visionnaires, porteurs d'espoirs et d'aspirations profondes pour l'avenir de leur nation. Parmi eux, se trouve Fadimatou, une étudiante passionnée par l'entrepreneuriat social. Chaque matin, elle arpente les rues de son quartier avec une détermination inébranlable, consciente des défis qui entravent sa quête de contribuer à l'émergence tant espérée du Cameroun. Elle rêve d'une seule chose : devenir autonome. Enlever la charge de sa scolarité et de son hébergement qui jusqu'ici pèsent toujours sur ses parents. Après son baccalauréat, elle avait passé toutes les grandes vacances à vendre les produits champêtres avec sa mère pour préparer sa rentrée scolaire en faculté. Une fois la ville raliée, elle avait décidé de se lancer dans la vente en ligne. L'économie numérique semblait être une porte ouverte à tout le monde pour peu que l'on developpait la persévérance et quelques stratégies marketing accessible ci et là dans quelques vidéos sur Youtube. Et tout semblait lui réussir au tout début. Il lui suffisait d'acheter quelques articles bons marché et de les proposer à travers ses statuts Whatsapp pour les écouler progressivement. Mais au fil du temps, elle s'était rendu compte que ses uniques clients étaient naturellement ses contacts ou encore quelques prétendants amoureux, qui, elle s'en était rendu compte plus tard, achetaient juste pour la lancer. Après tout, ses produits n'étaient pas si indispensables ni innovant pour que leurs achats soient périodiques. A la longue, elle s'était vite rendu compte que ce projet n'était pas porteur et avait décidé de le laisser aux nouveaux bacheliers, qui, trop prévisible, semblaient tous passés par cette étape. Fadimatou avait déjà essayé de monter plus d'une affaire mais à chaque fois, elle n'atteignait jamais le seuil qui pourrait lui permettre de se prendre en charge sans avoir besoin de solliciter ses parents. Au fur et à mesure que le temps passait, elle avait hâte de terminer avec ses études pour espérer décrocher un emploi, le temps de se constituer un capital pour entreprendre plus sereinement. Mais bien évidemment si l'économie numérique n'était pas aussi simple qu'elle l'avait imaginée, elle se demandait si décrocher un emploi après ses études sera aussi évident qu'elle le pensait. Alors même qu'elle est encerclée des discours peignant cette étape de la vie au Cameroun comme un enfer. Que ce soit par ses enseignants en faculté, dans les émissions radio diffusées et les médias de toutes natures.

Pour Fadimatou et tant d'autres jeunes camerounais, l'émergence nationale représente bien plus qu'une simple notion abstraite ; c'est l'incarnation même de leurs espoirs et de leurs ambitions. Dans leurs cœurs résonnent les désirs ardents de voir leur pays prospérer économiquement, de bénéficier d'opportunités éducatives équitables et d'accéder à des emplois dignes. De voir le favoritisme céder la place à l'égalité des chances et à la méritocratie, permettant à chacun de prospérer en fonction de ses compétences et de son engagement. À voir la mauvaise gouvernance céder la place à la transparence et à la responsabilité. Voir le chômage céder la place à l'emploi et à l'entreprenariat florissant. Voir la corruption céder la place à l'intégrité et à l'éthique dans toutes les sphères de la société. Voir l'éducation donner à la justice camerounaise son blason de confiance et d'efficacité. Voir une répartition équitable de la richesse pour assurer le bien-être de tous les citoyens camerounais.

Toutefois, ces aspirations sont teintées par les réalités complexes d'une nation en transition, où les défis socio-économiques et les inégalités persistent. Où la corruption et le favoritisme semble primer plus que tout. Où l'appartenance à des sectes semblent être la seule issue pour avoir un emploi décent. Si Fadimatou attend une chose de l'émergence c'est une nation où les jeunes peuvent évoluer tout en étant rassurés que leurs compétences seront valorisés sans aucune autre condition indécente. Fadimatou est persuadée que cette peur et ce stress permanent est suffisant pour la faire échouer avant même d'être confronté à cette situation. Combien de fois a-t-elle vu ses amis abandonnés et prendre la route du désert pour espérer rallier l'Europe. Combien sont-ils, ceux qui y ont laissé leur vie ?

Au-delà des frontières urbaines, dans les villages reculés du pays, se dessine un autre récit d'espoir et de résilience. Aliou, un jeune agriculteur passionné par la préservation de l'environnement, nourrit le rêve d'une agriculture durable et innovante au service de sa communauté. Pour lui, l'émergence du Cameroun doit également s'ancrer dans le respect de la terre et la valorisation des savoirs traditionnels. Il vit au quotidien le découragement que cela fait de cultiver et de n'avoir pas les moyens d'écouler son produit. En saison pluvieuse, les routes sont impraticables, les bananes plantains pourrissent dans les champs. Et lorsque quelques revendeurs parviennent à entrer dans cette zone enclavée, ils fixent leur prix. C'est à prendre ou à laisser. Résignés, les planteurs n'ont d'autre choix que de vendre leur récolte à un prix dérisoire. Et encore, ils ne sont pas certains de tout vendre, car le nombre de revendeurs est insuffisant pour écouler l'emsemble de la production. Lorsque les camions, retenus pour l'occasion, sont pleins, la production en surplus restera là à pourrir dans ce tas au bord de la route. Il a l'impression de voir sa vie se consumer dans tant d'efforts non valorisés : cultiver la terre, l'entretenir, récolter et même transporter la production, tout cela pour que celle-ci finisse en un tas laissé à l'abandon. Il y a de quoi mourir à petit feu en constatant que tant de labeur finit par pourrir, abandonné au bord de la route.

Aliou se rappelle souvent avec nolstagie de son séjour à l'université de Yaoundé 1. Le discours touchant du chef de l'Etat demandant aux jeunes de retourner à la terre. Les slogans rappelant que la terre ne trompe jamais. Il y avait cru et était rentrer dans ce village acheté sa parcelle. Le prix était très accessible. Et comme prévu la terre ne trompait effectivement pas. La production était abondante. Pour la première fois de sa vie, il voyait naitre un projet de ses propres mains. Une tige de bananier qui poussait. Un régime de banane plantain qui prenait des formes. Mais si la terre ne trompait pas, le pays semblait lui avoir trompé. Il avait un produit important et ayant de la valeur mais pas un marché où l'écouler. Il avait plusieurs millions en terme de produits dans son champ mais vivait pratiquement sans un sou. Même sa carte nationale d'identité qui avait expiré depuis quelques mois, il était dans l'incapacité de la remplacer. D'abord il fallait payer prêt de vingt mille francs de transport pour arriver dans la ville la plus proche où il fallait établir cette carte. Et voir vingt mille francs dans cette contrée n'était pas du tout facile. Aliou attend de l'émergence une seule chose : la route. Aliou est persuadée que le seul obtacle entre lui et la prospérité est une route de qualité qui lui permet d'écouler le fruit de son dur labeur.

Ces récits singuliers témoignent des aspirations plurielles qui animent la jeunesse camerounaise dans sa quête d'un avenir florissant au sein d'un Cameroun émergent. Entre espoirs insatiables et confrontations aux réalités complexes, ces jeunes incarnent la vitalité d'une génération déterminée à façonner un destin collectif empreint de progrès et d'inclusion.

En capturant la richesse et la diversité des aspirations des jeunes, tout en reconnaissant les défis réels auxquels ils font face, nous ouvrons la voie à une compréhension plus profonde et plus empathique de leur réalité. C'est en explorant ces aspirations, ces défis et ces préoccupations spécifiques que nous pourrons véritablement saisir le potentiel extraordinaire des jeunes dans la construction d'un Cameroun émergent. Et éventuellement proposé des solutions individuelles, collective et au besoin institutionnel. Nous allons dans la suite mettre en lumière les opportunités et les obstacles perçus par les jeunes dans la réalisation de leurs aspirations au sein de la vision d'émergence.

2. Mise en lumière des opportunités et des obstacles perçus par les jeunes dans la réalisation de leurs aspirations au sein de la vision d'émergence

Après avoir exploré les aspirations des jeunes en lien avec l'émergence ainsi que les défis qu'ils rencontrent, nous nous proposons de mettre en lumière les opportunités qui se cachent derrière ces défis et nous reverrons ce que nous pensons être des obstacles perçus qui séparent les jeunes de saisir ces opportunités. Ces propositions loin d'être exhaustive s'adressent aux jeunes désireux de ne pas attendre indéfiniment qu'un appui institutionnel arrive. Loin d'être temporaire, ces propositions peuvent être la pierre angulaire qui changent les choses à tous les niveaux même sur le plan politique.

Aliou pourrait voir plus loin plutôt que d'attendre avec impatience l'émergence censé apporter la route pour écouler ses bananes plantain. Il pourrait faire preuve de leadership en engageant d'autres jeunes comme lui. Et ensemble, trouver les solutions à leurs problèmes. Bien sûr, ils ne pourront pas arranger la route pour faciliter l'écoulement de leurs produits.

Mais en faisant preuve de créativité, ils pourront transformer les obstacles en opportunité et gagner bien plus. Tel que se former à la transformation de leurs produits agricoles afin qu'ils ne pourrissent plus. Par exemple ils peuvent transformer le plantain en farine. Produit très prisé et plus couteux sur le marché que la farine de blé, de manioc ou de maïs. Avec un tel produit, il est facile de ne plus être prisonnier des conditions climatiques. Et mieux encore, en transformant leurs produits avant la vente, ils gagneraient plus d'argent. Avec une telle vision, le véritable obstacle à ce projet serait juste un manque de leadership pour convaincre des partenaires et les fournisseurs de matières premières.

D'un autre côté, Fadimatou pourrait, en plus de ses études s'engager dans des actions de bénévolats qui lui permettront d'acquerir des compétences professionnelles. Ce qui la rendra plus attrayante sur le marché du travail à la fin de ses études tout en se faisant remarquer pour ses compétences et son dévouement. En plus de lui ouvrir un réseau qui s'enrichira tout le long de son parcours. Elle pourrait essayer de se connecter avec d'autres jeunes motivés et des professionnels dans son domaine d'intérêt, en rejoignant des associations, des clubs ou des événements locaux.

Mieux encore, elle peut s'associer avec d'autres étudiants pour développer des initiatives génératrices de revenus. En collaborant avec d'autres jeunes, il est possible de dépasser ses propres limites. L'un peut exceller en marketing, tandis qu'un autre pourrait avoir un oncle prêt à soutenir une levée de fonds. De nombreux projets menés par des jeunes ont connu un succès éclatant, témoignant de la force de la collaboration et de l'innovation. En unissant leurs compétences et leurs ressources, ils peuvent créer des solutions novatrices qui répondent aux besoins de leur communauté tout en leur permettant d'acquérir une précieuse expérience professionnelle.

Plutôt que d'abandonner son projet de vente en ligne, elle aurait pu apprendre de ses erreurs et se former davantage à comprendre les mécanismes de la vente en ligne. Peut-être en developpant une nouvelle approche pour accroitre et diversifier ses clients au-delà du cercle familial. Peut-être en choisissant des produits qui répondent de façon périodique à ses clients. Et bien sûr si son désir est juste de créer sa propre entreprise, elle gagnerait davantage à travailler à résoudre une problématique concrète dans son environnement. Une offre commerciale irrésistible, un service en freelance offert aux acteurs de sa communauté. Tout pour développer ses compétences entrepreneuriales.

En prenant ces petites actions à son niveau, Fadimatou peut commencer à changer les choses progressivement et à construire un avenir plus prometteur pour elle-même et ceux qui l'entourent.

Il est primordial de souligner l'importance de favoriser la mise en réseau des jeunes entrepreneurs afin de promouvoir leur succès et de contribuer à leur développement mutuel au sein de notre société. Cette pratique gagnerait à être encouragé dans toutes les sphères sociales plutôt que de se contenter de vanter les mérites d'une Afrique qui accorde une grande importance à l'aide et au développement communautaire. Car ceci est une réalité africaine qui n'existe plus que dans nos livres d'histoire. L'individualisme est en train de planter des racines en Africaine bien plus profonde qu'en occident. Il est curieux de remarquer que ceux qui ont voyagé à l'étranger tendent à importer des perspectives qui ne correspondent pas nécessairement à la réalité qu'ils ont découverte la-bàs.

Il est fréquent de constater que de nombreux parents hésitent à envoyer leurs enfants vivre ensemble pendant leurs études universitaires, alors que la colocation est une pratique courante et encouragée en Occident. En plus de minimiser les coûts, cette approche vise à cultiver la tolérance et la capacité à résoudre les conflits plutôt qu'à les éviter, des compétences essentielles pour construire des relations durables.

Il est pourtant courant de voir des parents louer autant de logements qu'ils ont d'enfants qui vont à l'université après le baccalauréat. Ils justifient cela par des propos tels que : "Jean et Bruno ne s'entendent jamais." Un proverbe Yambassa dit pourtant : "Si tu ne peux pas vivre avec ton frère aujourd'hui, est-ce avec ton époux que tu pourras vivre demain ?" Ce proverbe encourage ainsi la tolérance fraternelle et la capacité à ne pas se tourner le dos en cas de conflit, mais à travailler à leur résolution.

C'est là toute une compétence. Faut-il encore s'étonner des divorces dans nos sociétés où, au moindre problème, chaque membre du couple s'accroche déjà à une autre branche[1] ? Où l'on peut changer de petit(e) ami(e) sous un malentendu mineur ?

La jeunesse engagée pour un Cameroun émergent est celle qui se sent capable de transcender les schémas hérités des générations précédentes. Ces schémas, souvent ancrés dans des croyances traditionnelles telles que la sorcellerie, peuvent freiner l'ambition[2]. Il est

---

[1] La notion de "s'accrocher à une autre branche" dans le contexte camerounais fait référence à un comportement relationnel où une personne, pour éviter la douleur d'une rupture amoureuse, maintient des relations avec d'autres partenaires potentiels. Cela peut se manifester par le fait de garder des options ouvertes sans s'engager officiellement avec quelqu'un. Cette approche permet à l'individu de ne pas se retrouver seul en cas d'échec d'une relation actuelle, reflétant une forme de tolérance ou le refus de décliner les avances d'autrui. En finance, cela peut être comparé à la stratégie de ne pas mettre tous ses œufs dans le même panier, soulignant l'idée de diversification des relations pour minimiser les risques émotionnels.

[2] Biya, P. (2018). Pour le libéralisme Communautaire. Nouvelle édition. Edition Favre.

crucial de reconnaître que les compétences nécessaires pour réussir dans un environnement professionnel compétitif s'acquièrent progressivement et sont soutenues par une éducation bienveillante.

Comment un jeune, qui a été encouragé à vivre en solitaire, peut-il naviguer dans un milieu professionnel où la concurrence est particulièrement forte ? Acquerra-t-il subitement une force surnaturelle pour faire face à cette pression ? Il est judicieux de reconnaître que ces compétences se développent avec le temps et grâce à l'encouragement des parents.

Prenons l'exemple de parents qui choisissent d'acheter un seul grand yaourt à partager entre leurs enfants. Quand bien même ils ont des moyens d'en offrir individuellement. Cette méthode, bien que symbolique, vise à enseigner le partage et la responsabilité. Certains parents inculquent subtilement des valeurs telles que le mérite et l'effort en expliquant que le meilleur plat revient à celui qui se lève tôt et accomplit ses tâches. Plutôt que d'enseigner la propriété avec des formules telles que le plat rouge appartient à Émilie et le jaune à Jean. Cela cultive le goût de l'effort tout en célébrant la réussite individuelle.

Il est également essentiel de considérer l'équité dans ce processus éducatif. Par exemple, lorsqu'un parent réserve un plat distinctif pour un enfant en situation de handicap, cela montre qu'il est possible d'encourager le mérite tout en tenant compte des besoins spécifiques de chacun.

L'aspiration des jeunes dans un Cameroun émergent est essentielle pour la construction d'un avenir prospère et durable. En se concentrant sur leurs propres perspectives d'émergence, les jeunes se positionnent au cœur du développement national. Plutôt que de se demander si le pays sera émergent à l'horizon 2035, les jeunes devraient se poser la question suivante : "Moi, jeune, serais-je émergent à l'horizon 2035 ?" Cette approche personnelle renforce le sentiment de responsabilité individuelle et souligne l'importance de contribuer à sa propre émergence, qui à son tour contribue à l'émergence collective du pays.

Les aspirations des jeunes sont intimement liées à leur désir de voir le Cameroun prospérer. Ils souhaitent avoir des opportunités équitables pour s'éduquer, se former professionnellement et contribuer activement à la croissance économique. Cependant, les défis auxquels ils sont confrontés sont nombreux, notamment l'accès limité à des emplois de qualité, des infrastructures insuffisantes et des opportunités d'entrepreneuriat restreintes. Ces défis peuvent entraver la réalisation des aspirations des jeunes et compromettre leur engagement envers l'émergence nationale.

Cette approche centrée sur les aspirations, les défis et les préoccupations spécifiques des jeunes est indispensable pour orienter les politiques et les initiatives visant à promouvoir l'émergence nationale. En plaçant la jeunesse au cœur du processus de développement, le Cameroun peut véritablement aspirer à un avenir florissant et inclusif pour tous ses citoyens.

Collectivement, les jeunes ont la capacité de s'organiser en réseaux et en associations afin de promouvoir l'échange d'idées, le mentorat mutuel et la collaboration dans des domaines tels que l'innovation sociale, l'entrepreneuriat et le développement communautaire. En se regroupant, ils peuvent également plaider en faveur de politiques inclusives et de programmes gouvernementaux soutenant l'autonomisation des jeunes, l'accès à l'éducation et la création d'opportunités économiques équitables. Cette action va au-delà de la simple plaidoirie car en renforçant le tissu associatif et en démontrant du leadership, les jeunes ont la capacité d'élever l'un des leurs à des responsabilités importantes au sein de la communauté pour défendre leurs intérêts.

Grâce à leur énergie vive et dynamique, les jeunes peuvent élire l'un des leurs à des postes clés tels que conseillers municipaux, maires, députés ou conseillers régionaux. Ces jeunes leaders, sous la pression de l'association, peuvent être des artisans défenseurs qui prennent en compte les préoccupations spécifiques des jeunes concernant l'émergence nationale, notamment en matière d'éducation, d'emploi et d'autonomisation économique. En investissant dans la formation professionnelle, en favorisant un environnement propice aux entreprises et en encourageant l'innovation technologique, chaque communauté au Cameroun peut fournir aux jeunes les moyens de réaliser pleinement leur potentiel et de contribuer activement à la construction d'un avenir prospère.

Pour ces jeunes réunis au sein d'associations, il est crucial d'innover en mettant en place des mécanismes permettant de suivre et de garantir que le jeune leader élu défende effectivement leurs intérêts sans se laisser corrompre. Il est essentiel que les jeunes cultivent une mentalité de leadership responsable basée sur l'intégrité, la durabilité et l'inclusion. En agissant avec détermination et en adoptant des valeurs telles que la responsabilité sociale et environnementale, ils peuvent jouer un rôle significatif dans la transformation positive de la société.

En définitive, les jeunes ont le pouvoir d'influencer positivement leur propre avenir ainsi que celui du pays en investissant dans leur croissance personnelle, en collaborant avec d'autres jeunes leaders et en s'engageant activement dans des initiatives favorisant un progrès socio-économique durable.

En conclusion, nous avons exploré en profondeur les aspirations, les défis et les préoccupations spécifiques des jeunes en lien avec l'émergence nationale. Nous avons mis en lumière les opportunités prometteuses qui se cachent derrière les obstacles rencontrés par cette jeunesse dynamique dans la réalisation de leurs aspirations au sein de la vision émergente du pays. Les opportunités sont donc là. Aussi nombreux que les défis. Mais l'obtacle principal serait un manque de leadership des jeunes à tous les niveaux. Que ce soit pour se mettre ensemble pour entreprendre et surmonter des défis difficiles à surmonter. Que ce soit pour apporter des changements positifs dans les politiques destinés aux jeunes en s'engageant politiquement. En créant des lobbying jeunes pour influencer les décisions en faveur d'une autonomisation de la jeunesse. On peut aisément dire que la compétence essentielle dans les années à venir est le leadership.

Des obstacles subsiteront certes. Mais il faudra y voir l'occasion de gagner plus en trouvant des solutions pour relever ces défis. Nous l'avons vu dans le cas d'Aliou. Les difficultés qu'ils rencontrent pour écouler ses produits sont les mêmes que rencontrent toutes les autres populations de ce village. Pourtant la solution qu'il pourrait apporter serait une offre de service offerte aux autres et qui lui apportera une valeur ajoutée plus importante. En faisant preuve de créativité, les jeunes pourront transformer les obstacles en opportunité et gagner bien plus. La pire chose qu'un homme puisse faire dans sa vie c'est vivre une vie résignée. C'est le seul moment où l'on accepte tous les compromis. C'est le seul moment où l'on se contente des miettes. Vivre résignée c'est se contenter d'exister plutôt que de vivre son rêve.

Chapitre 3. Développement personnel et engagement civique

Dans un monde où les défis sociétaux et économiques se multiplient, l'émergence nationale d'un pays ne repose pas seulement sur des indicateurs de croissance ou des avancées technologiques. Elle nécessite une approche holistique qui valorise le développement personnel et l'engagement civique des jeunes générations. Ce chapitre explore l'importance cruciale de l'éducation et de l'acquisition de compétences comme fondements d'une société dynamique et responsable. En mettant en lumière des modèles inspirants tels que Cabral Libii et Francis Ngannou Djoumessi, nous illustrons comment l'engagement social et civique des jeunes peut catalyser un changement positif et durable.

À travers cette réflexion, nous soulignons que le chemin vers l'émergence est jalonné d'opportunités pour chaque individu de s'épanouir et de contribuer à l'essor collectif. En insistant sur la nécessité d'une transformation profonde des mentalités et d'une mobilisation active autour du bien-être commun, nous affirmons que la véritable émergence réside dans la reconnaissance du potentiel humain. Ce voyage vers un avenir meilleur appelle à une prise de conscience collective, à la valorisation de l'éducation, ainsi qu'à un engagement sans faille envers une société inclusive qui refuse toute forme d'exclusion.

1. Discussion sur l'importance du développement personnel, de l'éducation et de l'acquisition de compétences pour les jeunes dans le contexte de l'émergence nationale

Dans un monde en perpétuelle évolution, le concept d'émergence d'un pays va bien au-delà de simples infrastructures modernisées. Il ne peut se limiter à des statistiques économiques ou à des avancées technologiques. C'est une quête vers un progrès global, incluant le développement personnel de chaque individu, une vision portée par l'engagement civique et la responsabilité collective. Il doit s'accompagner d'une transformation profonde des mentalités, d'une prise de conscience collective et d'un engagement actif envers le bien-être commun.

Imaginez un pays où chaque enfant a accès à une éducation de qualité, où chaque individu a la possibilité de développer ses compétences, est encouragé à cultiver son potentiel, à s'investir dans la construction d'une société plus équitable et prospère. C'est dans cet environnement propice à l'épanouissement personnel que se construit le socle solide d'une nation émergente. Une émergence qui transcende les édifices pour s'ancrer dans le cœur et l'esprit de chacun.

Mais l'émergence va au-delà de l'éducation. Elle englobe également la santé, le respect de l'environnement, la promotion de la diversité culturelle et la justice sociale. C'est une vision holistique qui place l'humain au centre de toute action, reconnaissant sa dignité et son pouvoir de contribuer positivement à la société.

L'émergence, c'est l'opportunité pour chaque individu de s'épanouir, de contribuer à l'essor de sa communauté et de s'engager activement dans la vie civique. C'est un appel à la mobilisation des forces vive d'une nation, à la reconnaissance du potentiel humain comme moteur essentiel du progrès.

L'engagement civique est un pilier essentiel de cette émergence. Il s'agit non seulement de participer aux processus démocratiques, mais aussi de s'investir dans des initiatives citoyennes, de promouvoir l'égalité des chances et de défendre les droits fondamentaux pour tous.

Au-delà des discours politiques et des plans de développement économique, l'émergence réside dans la transformation profonde des mentalités, dans la valorisation de l'éducation, de la santé, et du bien-être pour tous. C'est une vision inclusive qui refuse l'exclusion et la marginalisation.

Lorsque nous envisageons l'émergence d'une nation, ne devrions-nous pas accorder autant d'importance au développement des individus qu'à la construction d'infrastructures modernes ? Ne serait-il pas pertinent de placer l'humain au cœur de cette quête vers un avenir meilleur ?

En cultivant un esprit d'ouverture, de solidarité et de responsabilité, chaque individu devient un acteur du changement, un maillon essentiel dans la construction d'une société juste et prospère. L'émergence devient alors le fruit d'une collaboration harmonieuse entre les aspirations individuelles et l'intérêt collectif.

Au fil de notre exploration, nous découvrirons ensemble les initiatives inspirantes mises en place par des citoyens engagés, les projets novateurs qui transforment des communautés et les histoires poignantes d'individus qui ont su surmonter les obstacles pour contribuer positivement à leur nation.

2. Illustration de l'impact positif des initiatives collectives sur l'engagement civique et social des jeunes sur le processus d'émergence du Cameroun

En embrassant l'esprit d'engagement civique et de développement personnel, nous pouvons véritablement transformer nos sociétés et contribuer à l'émergence d'un avenir prometteur pour tous. Chaque action, aussi modeste soit-elle, peut avoir un impact significatif sur le tissu social et économique d'une nation.

L'éducation, par exemple, est un levier puissant pour l'émergence. En investissant dans des programmes éducatifs inclusifs et innovants, une nation peut libérer le potentiel de sa jeunesse, stimuler la créativité et favoriser l'émergence de nouvelles idées et solutions aux défis contemporains. Des initiatives en Afrique sont nombreuses qui apportent leur soutien à l'élaboration des programmes éducatifs aux couches défavorisées et lésés de la société. À travers des associations et ONG. C'est le cas par exemple de Bridge International Academies[1] présent en Ouganda et dans plusieurs pays africains.. Une chaîne d'écoles à bas coût qui offre une éducation de qualité aux enfants issus de milieux défavorisés, en utilisant des méthodes d'enseignement innovantes.

Leur approche repose sur l'utilisation de la technologie et des méthodes d'enseignement innovantes pour améliorer l'accès à une éducation de qualité pour tous.

Bridge International Academies gère un réseau d'écoles à bas coût qui offrent un programme scolaire standardisé, axé sur les compétences de base en lecture, écriture et mathématiques. Leurs salles de classe sont équipées de tablettes numériques pour aider les enseignants à dispenser des cours interactifs et adaptés aux besoins individuels des élèves.

L'organisation met également l'accent sur la formation continue des enseignants, l'engagement des parents dans le processus éducatif et la collecte de données pour évaluer l'impact de leurs programmes sur la réussite scolaire des élèves.

Bien que Bridge International Academies ait suscité des débats et des controverses[2], notamment en ce qui concerne la privatisation de l'éducation et les normes d'enseignement, l'organisation continue de jouer un rôle important dans la fourniture d'une éducation accessible et

---

[1] Tessitore, M. (2019). Bridge International Academies : Une analyse critique de la privatisation de l'éducation publique en Afrique. << Revue de l'éducation, de la pédagogie et des études culturelles >>, 41(3), 193-209.

[2] Idem.

de qualité pour les enfants défavorisés en Ouganda et dans tous les pays où elle est installé.

De même, la promotion de la santé et du bien-être contribue à forger une société résiliente et productive. Lorsque chaque individu a accès à des soins de qualité, à une alimentation adéquate et à un environnement sain, c'est toute la nation qui en bénéficie, tant sur le plan humain que sur le plan économique. Nous avons les concepts tout aussi novateurs dans ce domaine tels que GiftedMom[1] et Hope Foundation[2]. La première est à l'origine d'une application mobile qui fournit des informations de santé maternelle et infantile aux femmes enceintes et aux jeunes mères, améliorant ainsi l'accès aux soins de santé dans les régions rurales. La seconde est une organisation non gouvernementale à but non lucratif fondée en 2001 par des jeunes, qui œuvre pour le développement communautaire et l'amélioration de la santé et du bien-être des Camerounais défavorisés à travers des projets dans les domaines de l'éducation, de l'accès à l'eau potable, des installations sanitaires, et des droits des hommes. Il faut aussi souligner les efforts de l'association de prévention du suicide qui essaye tant bien que mal de déployer ses ailes sur tout le territoire national malgré les tabous qui entourent ce fléau qu'elle voudrait prévenir. Des initiatives menés collectivement par des jeunes existent et sont de plus en plus nombreux, à en juger par le nombre de soumissions aux appels à projets innovants, sur le territoire national.

L'engagement civique se manifeste également à travers des initiatives communautaires, des projets de développement durable et des actions solidaires envers les plus vulnérables. C'est en travaillant ensemble, main dans la main, que nous pouvons surmonter les obstacles et bâtir un avenir où chacun trouve sa place et son épanouissement.

Et c'est là toute la beauté de cette vision d'émergence : elle repose sur la force collective des individus unis dans un dessein commun. C'est une invitation à prendre part à quelque chose de plus grand que soi, à contribuer à l'essor d'une nation avec passion et détermination. Il serait bien et souhaitable que toutes les organisations et les associations s'activent à apporter leur contribution dans cet élan. Ces contributions

---

[1] Dejo, G., & Nkafu, N. M. (2017). « Économie numérique au Cameroun: challenges et perspectives ». Foretia Foundation. https://foretiafoundation.org

[2] Gerald Bobga Fonkenmun. Bienvenue chez Hope Foundation. https://www.hope-found.org/fr

pourront être de diverses natures. En temps pour offrir du mentorat ou du coaching ; en argent pour financés d'autres initiatives comme des projets entreprenariaux ou des concours de validation des meilleurs projets répondant aux problématiques de la communauté. J'aime particulièrement cette dernière approche qui me semble de loin la meilleure pour donner la voix à tout le monde.

Au fil des pages suivantes, nous explorerons les histoires captivantes de ceux qui ont embrassé cette vision d'émergence, les initiatives inspirantes qui ont transformé des vies et des communautés, ainsi que les principes fondamentaux qui sous-tendent ce mouvement vers un avenir meilleur pour tous.

3. Illustration de l'impact positif de l'engagement civique et social des jeunes sur le processus d'émergence du Cameroun

Lorsqu'on se propose d'illustrer l'impact positif de l'engagement civique et social des jeunes sur le processus d'émergence du Cameroun, l'on ne peut s'empêcher de penser à la mobilisation générale autour de l'initiative "11 millions de citoyens" lancée par Cabral Libii. Une figure singulière de l'opposition camerounaise sans précédent. Son parcours atypique, sa jeunesse – il se porte candidat à la présidence en 2018 à l'âge de 37 ans – ainsi que son leadership et sa stratégie le distinguent. Dans un environnement où l'implication des jeunes dans la sphère politique demeure un défi majeur, largement relevé jusqu'à présent par le parti au pouvoir grâce aux incitations dont il bénéficie. En revanche, voir un jeune mobiliser ses pairs sans autre incitation aucune qu'un programme politique novateur est une initiative louable qui mérite admiration et devrait inspirer plus d'un individu. Au-delà de son courage à briguer la présidence, son engagement associatif et son leadership devraient servir de modèle à tout jeune aspirant à améliorer son environnement communautaire.

Ce jeune se révèle d'autant plus inspirant que son parcours et sa motivation illustrent une détermination propre aux leaders. Son vécu avant son engagement politique n'est pourtant guère éloigné de celui de nombreux jeunes, mais son ambition est grande. S'il est souvent comparé au président français Macron[1], c'est probablement pour sa capacité à rassembler les gens autour d'une vision commune et à

[1] Franck Foute. (2020, 15 juillet). Cabral Libii, le jeune loup qui se rêvait en « Macron camerounais ». consulté sur https://www.jeuneafrique.com/mag/1006139/politique/cabral-libii-cameroun-macron-cameroun

apporter des solutions innovantes aux défis contemporains. Comme lui, il sait utiliser les réseaux sociaux pour mobiliser et créer un véritable mouvement de jeunes engagés. Son charisme et sa volonté de changer les choses lui permettent de se démarquer, laissant entrevoir un avenir prometteur sur la scène politique.

Son impact a été remarquable et quantifiable. Nouvellement arrivé sur scène, Cabral est parvenu à pénétrer les milieux les plus reculés lorsque beaucoup d'autres partis présent depuis des années se concentrent souvent dans des foyers communautaire sans se donner les moyens d'en concquérir de nouveaux. Toujours nouveau, il parvient à sortir troisième aux élections présidentielles. Un peu plus tard, aux législatives son parti arrache 5 sièges de députés, 7 mairies et 230 sièges de conseillers municipaux.[1]

Ce qui est encore davantage remarquable sur cette figure, c'est sa méthode de financement. Le parti a lancé un appel à contribution de ses memebres pour payer la caution et gérer les campagnes. Ce qui n'est pas courant dans le paysage politique local où les finances sont souvent gérées par les barons du parti. Tout au contraire, les jeunes sont souvent motivés financièrment après chaque mobilisation. Créant la confusion entre un engagement idéologique réel ou un vain désir d'assouvir sa faim. Mieux encore plusieurs bénévoles se sont portés candidats pour surveiller le décompte des voix. Avec la fameuse mobilisation de 23000 représentants dans les bureaux de vote.

Ce qui est donc remarquable sur ce modèle est sans aucun doute son leadership. Sa capacité à mobiliser les jeunes derrière une cause commune en mettant de côté des intérêts égoïste immédiats.

Des évolutions significatives ont été constatées sur le long terme. Les jeunes s'intéressent davantage à la politique, aux débats politiques à tous les niveaux de la vie nationale et en toute circonstance, même en dehors des périodes électorales.

Une telle initiative de mobilisation aurait pu rencontrer le succès escompté aux élections avec le soutien d'autres jeunes leaders. Malheureusement ils sont peu nombreux dans le paysage camerounais actuel. Peut-être devrait-il justement s'atteler à former d'autres jeunes leaders représentatifs au sein de diverses communautés et qui sont capables de démontrer leur volonté de changement en initiant des

---

[1] Njutapwoui, Aboubakar Sidi. « Plateformes numériques et participation politique dans une démocratie inaboutie : Le cas des partis politiques de l'opposition au Cameroun. » Réseaux, no. 236, 2022, pp. 179-210.

actions concrètes au sein de ces communautés. Cette stratégie permettrait également de rallier d'autres jeunes à leur cause.

En conclusion, il est certain qu'un tel succès a quand-même suffisamment touché plusieurs jeunes qui pensait jusqu'ici qu'il faut de grands moyens pour bouger les lignes. Cette expérience permet aux autres jeunes de reconnaître et de valoriser le potentiel qu'ils ont en eux pour oser prendre le relais de telles initiatives à l'avenir.

Très récemment nous avons le parcours de Francis Ngannou Djoumessi qui est un modèle de résilience pour les jeunes de toutes les couches sociales. Un jeune dont l'avenir n'offrait aucune perspective au Cameroun et qui a su bravé les chemins controversés pour arriver en Europe et travailler dur pour atteindre le succès[1].

Qu'est-ce qui est remarquable chez cet héro ? C'est sa capacité à avoir surmonter tous ces défis et à se positionner aujourd'hui comme un modèle à suivre pour ces jeunes compatriotes et au-delà. Il aurait pu se lancer dans des discours populistes dénigrant sa patrie. Mais non, il rentre dans sa patrie avec un discours plein d'espoir pour les nouvelles générations et leur offre la possibilité de réaliser sur place ce pour quoi il lui a fallu suer sang et eau pour atteindre. En effet, il créé plusieurs centres de boxe au Cameroun. Notamment un à Batié son village natal et un complexe professionnel des arts martiaux (MMA) à Douala[2]. Les jeunes n'auront donc plus besoin de se risquer à prendre des chemins sinueux pour réaliser leur rêve ailleurs. Ils ont la possibiliter de faire remarquer leur talent localement quitte à migrer plus tard de façon légale et connaissant déjà là où ils vont déposer leur valise. Comme il le dit lui-même : ''*Si mon petit frère de 18 ans voulait aller en Europe, je lui dirais de ne pas le faire. Je connais trop bien les risques encourus*''. Il y a de quoi prendre cette recommandation au sérieux lorsqu'on sait qu'elle vient de celui qui a rallié l'Europe au bout de la 7ième tentative[3]. Chaque tentative se soldant par un échec qui peut s'avérer fatal aussi bien sur le plan physique que mental.

---

[1] TV5MONDE. (2022, 21 janvier). MMA : Francis Ngannou, de la rue au toit du monde. Consulté sur https://www.tv5monde.com/actualités/mma-francis-ngannou-de-la-rue-au-toit-du-monde

[2] Gloria Enock. (2023, 29 juin). Francis Ngannou se dit « honoré d'avoir construit le premier gymnase entièrement équipé au Cameroun ». consulté sur https://www.actucameroun.com/2023/06/29/francis-ngannou-se-dit-honore-de-construire-le-premier-gymnase-entierement-equipe-au-cameoun/

[3] INFOMIGRANTS. (2018, 02 novembre). Francis Ngannou, un migrant camerounais devenu star de boxe. Consulté sur

Au cœur de cette réflexion, se dessine avec éclat la silhouette inspirante de l'artiste Nathalie Koah. Malgré les controverses qui l'entourent, elle se révèle comme un phare d'espoir pour les jeunes filles et la jeunesse en général. Trop souvent, nos sœurs de cœur souffrent en silence des affres des viols et harcèlements qui sévissent au sein de leur foyer, dans les couloirs scolaires ou dans les arcanes professionnels, préférant taire leur douleur par peur du scandale familial ou de l'exposition médiatique.

En embrassant pleinement son histoire et en clamant haut et fort les épreuves qu'elle a transcendées, Nathalie Koah éclaire le chemin pour d'autres âmes en quête de rédemption. Son parcours résonne comme un hymne à la résilience, rappelant à chacun qu'il n'est jamais trop tard pour se redresser et renouer avec sa dignité. Elle nous enseigne avec force qu'il n'existe aucune justification pour plier sous le poids du désespoir ou fléchir face au chantage, car la vérité et la bravoure sont les piliers d'une vie authentique.

Un modèle ne se limite pas à une image de perfection. Il est crucial que les jeunes s'approprient cette idée. En réalité, un modèle incarne une personne ayant surmonté des épreuves communes et s'engageant pour des causes justes telles que la justice, l'éducation et la dignité humaine. Un individu issu de la précarité qui gravit les échelons du pouvoir et prône une existence empreinte de dignité représente un modèle bien plus marquant qu'un prédicateur qui se contente de parler de dignité sans avoir vécu d'expériences significatives. Ses paroles peuvent sembler déconnectées de la réalité vécue par beaucoup, y compris ceux qui lui accordent leur crédibilité.

Les aspirations des jeunes au changement se heurtent souvent à leur réticence à faire des compromis. Ils recherchent des modèles parfaits incarnant une dignité qu'ils estiment ne pas posséder. Pourtant, ils pourraient trouver une source d'inspiration précieuse en observant ceux qui, après avoir emprunté des chemins sinueux, ont su retrouver le droit chemin. Cela me rappelle ces parents qui, envieux, observent les enfants de leurs collègues prendre l'initiative d'étudier par eux-mêmes, tandis que les leurs attendent toujours qu'on leur crie dessus. Ces parents ne voient que le résultat sans s'interroger sur les méthodes d'apprentissage

---

https://www.infomigrants.net/fr/webdoc/150/francis-ngannou-un-migrant-camerounais-devenu-star-de-boxe

appliquées au quotidien pour susciter enthousiasme et acceptation des erreurs comme partie intégrante du processus.

Dans beaucoup d'autres domaines de la vie, nombreux sont ceux séduits par les résultats sans évaluer les défis quotidiens rencontrés par ceux qui réussissent. Tout le monde aspire à voir en un modèle une success story, un être surnaturel exempt d'erreurs communes. Peut-être craignent-ils de se remettre en question en se demandant pourquoi ils n'accomplissent pas ce qu'ils désirent tant alors qu'une personne avec les mêmes faiblesses a réussi.

C'est ce qui ressort lorsque l'on interroge un jeune sur ce que représente Francis Ngannou Djoumessi pour lui. Tous le considèrent comme un modèle de résilience et une figure inspirante. Pourtant, ces mêmes jeunes rejettent catégoriquement l'idée d'emprunter la route périlleuse du désert pour rejoindre l'Europe, allant jusqu'à tenir des propos dégradants envers ceux qui osent s'y risquer. Ce paradoxe soulève une question cruciale : comment peut-on admirer un exemple de réussite bâti sur des sacrifices extrêmes tout en condamnant ceux qui suivent un chemin similaire pour atteindre - en vain - le succès ? Cette contradiction met en lumière le besoin de comprendre et d'accepter la complexité de ces parcours, plutôt que de les juger de manière simpliste.

4. Zoom sur la Diaspora camerounaise

Au terme de ce chapitre sur l'engagement civique des jeunes, il est crucial de réfléchir à un phénomène de plus en plus visible, notamment à travers les réseaux sociaux : le discours de certains jeunes Camerounais immigrés à l'étranger. Beaucoup adoptent un ton défaitiste envers leur pays d'origine, souvent pour justifier leur départ.

Pourtant, il est important de rappeler que l'immigration n'est ni une spécificité camerounaise, ni même africaine : de tout temps et en tout lieu, les hommes ont migré, souvent pour saisir des opportunités ou échapper à un trop peu de perspectives. Voyager à l'étranger ne devrait pas être perçu comme une fuite désespérée, mais comme une démarche motivée par l'ambition d'explorer des horizons où les opportunités semblent plus accessibles.

Cependant, cette quête d'un avenir meilleur ne devrait pas s'accompagner d'un discours qui dénigre systématiquement le pays d'origine. Ces paroles, amplifiées sur les réseaux sociaux, peuvent non seulement véhiculer une image biaisée auprès des observateurs étrangers, mais aussi décourager ceux qui, restés sur place, s'investissent pour améliorer les choses.

Au lieu de nourrir un tel pessimisme, il serait plus constructif de valoriser une approche équilibrée : reconnaître les défis, certes, mais aussi les potentiels du pays. Cela pourrait encourager une dynamique collective, où l'immigration devient une force motrice pour bâtir des ponts entre le pays d'origine et d'accueil, plutôt qu'une source de division.

De tout temps, l'immigration a été une porte salutaire pour de nombreux hommes. Aujourd'hui, dans un monde globalisé, ce phénomène prend une dimension encore plus universelle. Le Canada, destination privilégiée des Camerounais, attire également des jeunes d'Europe et du Maghreb. Cependant, dans leurs discours, ces derniers mettent en avant l'aventure, le désir de découvrir de nouveaux horizons et de saisir des opportunités plus accessibles, sans céder à la critique systématique de leurs pays d'origine.

Contrairement à cela, certains jeunes Camerounais, tout en aspirant à mieux, contribuent involontairement à dévaloriser l'image de leur nation par des discours défaitistes. Pourtant, être en diaspora signifie aussi être ambassadeur de son pays. Beaucoup d'immigrés d'autres horizons parviennent à maintenir des liens constructifs avec leurs pays d'origine, soutenant des initiatives locales et investissant dans des projets alignés avec leurs ambitions, sans céder à l'hypocrisie de critiquer tout en continuant à attendre des retombées de leurs patries.

Le paradoxe est frappant lorsqu'on observe un jeune Camerounais en difficulté sur place, oscillant entre le secteur informel et l'oisiveté, mais qui, dès qu'il est motivé par un proche vivant à l'étranger, réussit à réunir les fonds nécessaires pour entamer les démarches migratoires. Ce financement, souvent récolté sur place, interroge : pourquoi n'a-t-il pas été mobilisé plus tôt pour démarrer une activité locale ? Est-ce une question d'objectif, de motivation, ou simplement de priorités ?

La vérité est que voyager vers d'autres horizons est un projet tout aussi important et utile que de démarrer une entreprise. Ce qui est crucial, c'est d'aborder ces choix avec responsabilité, sans chercher à justifier son départ par un discours qui ternit l'image de son pays. Loin d'être une excuse, l'immigration doit être une démarche ambitieuse et respectueuse, valorisant les opportunités présentes à la fois ici et ailleurs.

En conclusion nous avons parcouru et démontré l'importance du développement personnel, de l'éducation et de l'acquisition de compétences pour les jeunes dans le contexte de l'émergence nationale.

On s'accorde à dire que cela n'est pas un acquis, mais une quête vers un progrès global, incluant le développement personnel de chaque individu, une vision portée par l'engagement civique et la responsabilité collective. Et qui bien sûr doit s'accompagner d'une transformation profonde des mentalités, d'une prise de conscience collective et d'un engagement actif envers le bien-être commun. A travers cette quête d'émergence, nous donnons l'opportunité à chaque individu de s'épanouir, de contribuer à l'essor de sa communauté et de s'engager activement dans la vie civique. C'est un appel à la mobilisation des forces vive d'une nation, à la reconnaissance du potentiel humain comme moteur essentiel du progrès.

Au-delà des discours politiques et des plans de développement économique, l'émergence réside dans la transformation profonde des mentalités, dans la valorisation de l'éducation, de la santé, et du bien-être pour tous. C'est une vision inclusive qui refuse l'exclusion et la marginalisation.

Dans ce chapitre, nous avons fixé le décor de cette approche en illustrant les parcours de quelques modèles inspirants qui ont eu un impact sur le plan civique et social. Il est grand temps dans la suite de notre ouvrage d'exposer les opportunités entrepreneuriales, professionnelles et éducatives offertes aux jeunes dans le cadre de l'économie émergente.

Chapitre 4. Opportunités pour les jeunes dans l'économie émergente

L'émergence économique du Cameroun offre un terrain fertile pour les jeunes, une génération pleine de potentiel, d'ambition et de créativité. Dans un monde en constante évolution où les défis se multiplient et les opportunités se révèlent sous des formes nouvelles, il est essentiel de comprendre comment ces jeunes peuvent tirer parti des ressources et des initiatives disponibles. Antoine de Saint-Exupéry nous rappelle que "L'homme se découvre quand il se mesure à l'obstacle[1]." Cette citation résonne particulièrement dans le contexte actuel où les obstacles à surmonter sont nombreux, mais également sources d'innovation et de transformation.

Ce chapitre analysera les opportunités entrepreneuriales, professionnelles et éducatives qui se présentent aux jeunes dans ce cadre dynamique. Nous explorerons également les diverses initiatives et programmes mis en place par le gouvernement pour soutenir leur accès à l'emploi, favoriser l'innovation et encourager l'esprit entrepreneurial. En mettant en lumière ces aspects, nous espérons inspirer une nouvelle génération à se mesurer aux défis qui les attendent et à s'engager pleinement dans la construction d'un avenir prometteur pour eux-mêmes et pour leur pays.

1. Analyse des opportunités entrepreneuriales, professionnelles et éducatives offertes aux jeunes dans le cadre de l'émergence économique du Cameroun

Le Cameroun, terre fertile en opportunités entrepreneuriales informelles, offre un paysage propice à la créativité et à l'initiative. Dans ce vaste terrain où la souplesse prévaut, les jeunes talentueux peuvent saisir des occasions uniques. Pour image, il est encore possible à une femme au foyer d'ouvrir son petit commerce juste devant la porte de son domicile, une épicerie, du poisson braisé dans la soirée, du ''beignet-haricot'' sans aucune contraintes réglémentaires. Il est encore possible à une famille d'arrondir les fins de mois en installant un moulin à écraser les condiments à domicile sans aucune contraintes réglémentaires. A un jeune de lancer de façon plus ou moins archaïque la production de poissons au sein de son domicile familial sans être

[1] Antoine de Saint-Exupery. (1939). Terre des hommes. Éditions Gallimard.

oppressé par la fiscalité sauf s'il s'en va vendre sa production dans un marché. Mais bien sûr généralement les acheteurs viennent à lui. A un jeune étudiant de quitter la ville durant certains congés ou weekend pour démarrer son champ de pommes de terre ou de patate dans son village et de vendre la production sans aucune contrainte réglémentaire. A un garagiste de fabriquer et de commercialiser un moulin à écraser des épices qui seront consommés par les populations sans aucune contrainte réglémentaire.

Cette liberté d'action, loin d'être un fardeau, constitue en réalité une opportunité exceptionnelle pour la jeunesse camerounaise. En effet, ce qui peut sembler être un obstacle initial est en fait le point de départ d'une aventure entrepreneuriale passionnante. L'eau à vendre, les produits du terroir à produire et à commercialiser, tout cela représente autant de possibilités pour ceux qui ont le courage et la vision de saisir ces opportunités.

Il est crucial de comprendre que ce qui semble être des barrières au Cameroun peut en fait être perçu comme des tremplins vers un avenir prometteur. Plutôt que de chercher des horizons lointains, les jeunes peuvent trouver dans leur propre pays des occasions uniques pour exprimer leur créativité et leur esprit d'entreprise.

Il est souhaitable pour la jeunesse camerounaise de changer de perspective et de voir ces prétendues difficultés comme autant de portes ouvertes vers un avenir prospère. En saisissant ces opportunités dès maintenant, ils pourront bâtir un avenir florissant au Cameroun plutôt que de chercher ailleurs ce qui est déjà présent sous leurs yeux.

Cependant, cette toile tissée de libertés informelles pourrait s'effriter avec le temps, rendant la vie plus complexe pour tous. Il est important de ne pas chercher un coupable dans les anciennes colonies. Ce ne sera pas la France qui imposera cette nouvelle politique, mais plutôt les Camerounais eux-mêmes, qui, une fois satisfaits des bienfaits de cette liberté, établiront des barrières pour restreindre l'accès aux autres.

Cette évolution se manifeste déjà dans le paysage universitaire, où ceux qui ont antérieurement bénéficié de bourses sont désormais les premiers à envisager une augmentation des droits universitaires. Cela s'inscrit dans la nécessité d'apporter une réponse adéquate au problème du financement, exacerbée par la diminution des subventions gouvernementales[1]. Les universités sont donc contraintes de devenir

---

[1] Pokam, H. D. P. (2006). Le financement de l'enseignement supérieure au Cameroun. « Cahiers de recherche sur l'éducation et les savoirs », 105-137.

rentables pour assurer leur autonomie financière et répondre efficacement à une demande croissante d'étudiants.

Il est légitime de se demander si ce phénomène résulte d'une paresse intellectuelle ou d'un manque de volonté. Cependant, les observations sur le terrain montrent clairement que nous nous dirigeons vers la fin d'une époque où l'université coûtait 50 000 francs, un tarif déjà contesté à plusieurs reprises par les étudiants[1]. Si la crainte d'un éventuel soulèvement, comme celui de 2008[2], freine encore certaines universités dans leur volonté d'augmenter les frais de scolarité, nous pouvons déjà constater une tendance subtile : la création de filières dites "prometteuses" accessibles à un coût plus élevé sous prétexte de professionnalisation.

Ce transfert est d'autant plus frappant que ceux qui ont bénéficié de ces opportunités ne se sont pas donné la peine d'explorer d'autres alternatives pour soutenir un nombre croissant d'étudiants ou un déficit de financement. Ils semblent avoir oublié d'où provenaient les financements à l'époque où ils profitaient des largesses dans des universités occidentales. Sans chercher à complexifier la situation, ils se contentent d'observer le modèle financier appliqué ailleurs et tentent de l'adapter au Cameroun sans prendre en compte le pouvoir d'achat local.

Dans un continent majoritairement jeune, il est regrettable que ce soient principalement les parents qui assument le coût des études supérieures de leurs enfants. Les universités gagneraient à mieux valoriser cette main-d'œuvre étudiante. À les rendre le plus tôt possible autonome.

Comme dans le cas des bourses et de l'accès à l'université, les opportunités présentes pourraient bien s'évaporer avec le temps, laissant place à une réalité plus contraignante. Cette évolution soulève des questions fondamentales sur la pérennité des opportunités informelles au Cameroun et met en lumière les défis potentiels auxquels seront confrontées les générations futures. Ce tableau complexe invite à une réflexion approfondie sur l'équilibre entre liberté entrepreneuriale informelle et régulation nécessaire pour garantir l'équité et le progrès pour tous.

---

[1] Idem.

[2] Idem.

Une fois que les jeunes naviguant dans l'informel auront pris des ailes pour voir plus loin. Peut-être en se mettant ensemble, ils pourront alors emprunter le chemin offert par les initiatives gouvernementales en matières d'incitations à la création d'entreprises. Ils pourront rejoindre les incubateurs créés à cet effet. Enfin ils pourront patauger dans l'océan, certe agressif mais empreint d'espoir, de la facilitation de l'accès au financement.

L'émergence économique du Cameroun ouvre de vastes horizons d'opportunités pour les jeunes, que ce soit sur le plan entrepreneurial, professionnel ou éducatif. Cette période de transformation économique offre un terreau fertile pour l'éclosion de nouvelles initiatives, car elle est porteuse de diverses possibilités qui peuvent être exploitées de manière innovante et créative.

En matière entrepreneuriale, les jeunes ont l'opportunité de se positionner en tant que moteurs de croissance économique en créant et en développant des entreprises dans des secteurs porteurs tels que les technologies de l'information et de la communication, l'agriculture durable, le tourisme, l'énergie renouvelable, entre autres. Les politiques gouvernementales visant à soutenir l'entrepreneuriat des jeunes, telles que la facilitation d'accès au financement et la mise en place d'incubateurs d'entreprises, offrent un environnement propice à l'émergence de nouvelles startups et initiatives novatrices.

Sur le plan professionnel, l'émergence économique se traduit par une demande croissante de compétences spécialisées et polyvalentes. Les jeunes ont ainsi l'opportunité de se former dans des domaines en plein essor tels que le développement informatique, la gestion durable des ressources naturelles, le marketing digital, la finance inclusive, et bien d'autres. De plus, les investissements dans les infrastructures et les projets d'envergure nationale offrent des perspectives de carrière stimulantes dans des secteurs tels que l'ingénierie, la construction, la logistique et le développement urbain. Bien sûr, la remunération salariale ne semble pas être le reflet de ce que l'on observe dans le village planétaire. Cependant, il faut se méfier des promesses de quelques leaders politiques arguants d'augmenter les salaires jusqu'à les doubler, voire tripler. Il est essentiel d'examiner attentivement les sources de financement envisageable pour cela. Les pistes envisagées pour générer des revenus aussi rapidement incluent la liquidation des ressources minières. Ou même leur vente à crédit, ce qui risquerait de transformer le pays en un vaste chantier minier non rentable. De plus, une réglementation brusque du secteur informel pourrait nuire à l'activité économique des jeunes entrepreneurs.

En ce qui concerne le volet éducatif, l'émergence économique nécessite une main-d'œuvre qualifiée et adaptable. Ainsi, les jeunes ont la possibilité de tirer parti des programmes de formation professionnelle axés sur les compétences du 21e siècle, tels que la programmation informatique, la gestion de projet, l'entrepreneuriat social, la gestion des risques et l'intelligence artificielle. De plus, les partenariats entre les entreprises et les établissements d'enseignement offrent aux jeunes la chance d'acquérir une expérience pratique tout en poursuivant leurs études.

En bref, l'émergence économique du Cameroun représente bien plus qu'une simple croissance statistique ; c'est une invitation à saisir les opportunités offertes par un environnement en mutation. Les jeunes sont appelés à être les acteurs dynamiques de cette transformation en contribuant par leur esprit d'entreprise, leur expertise professionnelle et leur soif d'apprentissage. En embrassant cette ère d'opportunités avec passion et détermination, ils peuvent non seulement façonner leur propre avenir mais aussi participer activement à l'essor économique et social du pays.

Il est judicieux de faire de cette émergence économique une aventure exaltante où chaque jeune peut s'épanouir et contribuer à bâtir un Cameroun prospère pour les générations futures. Et ceci est possible en initiant des programmes visant à soutenir l'emploi, l'innovation et l'entrepreneuriat chez les jeunes.

2. Exploration des initiatives et des programmes visant à soutenir l'emploi, l'innovation et l'entrepreneuriat chez les jeunes.

Explorons à présent les initiatives et les programmes visant à soutenir l'emploi, l'innovation et l'entrepreneuriat chez les jeunes dans le cadre de l'économie émergente du Cameroun.

Mais tout d'abord, il convient de souligner l'importance des programmes de soutien à l'emploi des jeunes, qui visent à faciliter l'accès au marché du travail et à promouvoir l'inclusion économique.

Si nous avons déjà fait mention de ce sujet dans un chapitre précédent, cela concernait davantage les initiatives prises localement par les communautés. Dans l'optique, rappelons-le, de compléter l'action gouvernementale en rapprochant à plus petite échelle le soutien aux jeunes entrepreneurs. Ici nous allons parcourir les initiatives génériques mise en place par le gouvernement sur le plan national.

Les initiatives gouvernementales, telles que les programmes de formation professionnelle, les stages en entreprise, les foires de l'emploi et les dispositifs d'insertion professionnelle, offrent aux jeunes la possibilité d'acquérir des compétences pratiques, de développer leur réseau professionnel et d'accéder à des opportunités d'emploi adaptées à leurs aspirations. Parallèlement, l'innovation occupe une place centrale dans le paysage économique émergent du Cameroun. Les jeunes sont encouragés à développer leur esprit d'innovation à travers des programmes de mentorat, des concours d'idées, des espaces de co-working et des laboratoires d'innovation. Ces initiatives visent non seulement à stimuler la créativité des jeunes, mais aussi à les inciter à proposer des solutions novatrices aux défis économiques, sociaux et environnementaux auxquels le pays est confronté.

Un exemple concret de soutien aux jeunes entrepreneurs est la Pépinière Pilote d'entreprises d'Edea, une initiative portée par le ministère des petites et moyennes entreprises, de l'Économie sociale et Artisanale (Minpmeesa). Cette structure a pour ambition d'incuber les jeunes porteurs de projets en leur offrant diverses missions, principalement la formation et l'accompagnement dans le processus de création et pérennisation de leurs entreprises. Sur son campus, la Pépinière dispose d'un Centre de formation qui organise divers programmes destinés aux entrepreneurs souhaitant créer ou développer leur entreprise. Elle possède également un incubateur d'entreprises pour soutenir le développement des idées de projets en vue de créer des startups. De plus, une pépinière d'entreprises est consacrée aux jeunes entreprises en phase de démarrage, leur fournissant un hébergement sur place ou à distance. Enfin, un Centre des Formalités de Création des Entreprises facilite les démarches administratives liées à la création d'entreprises.

En complément, le Fonds Proto s'adresse particulièrement aux jeunes novateurs rencontrant des difficultés financières pour viabiliser ou finaliser leurs prototypes. Initié par l'agence de promotion des petites et moyennes entreprises (APME) sous la tutelle du Minpmeesa, il vise à résoudre les problèmes auxquels font face ces nouveaux entrepreneurs souvent vulnérables face à la concurrence bien établie. Malgré les étapes initiales de formation et de création de business plan qu'ils ont franchies, ces entrepreneurs peinent souvent à développer et tester leurs idées. À ce jour, le Fonds Proto a mis à disposition une cagnotte oscillant autour de 50 millions de francs par promotion, avec l'ambition d'atteindre un milliard en sollicitant davantage de bailleurs de fonds[1].

En ce qui concerne l'entrepreneuriat, le Cameroun a mis en place une série de programmes ambitieux pour soutenir l'entrepreneuriat, en particulier chez les jeunes. Parmi ces initiatives, le CFCE joue un rôle crucial en tant que facilitateur de création d'entreprise, offrant un guichet unique pour la formalisation des procédures. La réduction du capital minimum requis pour la création de sociétés[2] et l'absence d'obligation de déposer ce capital chez un notaire sont des mesures qui simplifient le processus entrepreneurial.

De plus, le fonds de financement des initiatives entrepreneuriales, à travers le Plan Triennal Spécial Jeunes (PTS), vise à promouvoir une croissance inclusive et la création d'emplois décents, en conformité avec le Document Stratégique pour la Croissance et l'Emploi (DSCE). Présenté au public lors du discours du chef de l'État Paul Biya le 10 février 2016, ce programme a déjà permis la réalisation de plus de 13 000 projets et la création de 38 703 emplois pour plus de 13 000 jeunes bénéficiaires[3].

Par ailleurs, le Fonds National de l'Emploi (FNE), souvent connu comme intermédiaire entre les entreprises et les employeurs, propose également un programme de financement dédié aux jeunes porteurs de projets. Ce programme s'adresse à tous les Camerounais désireux de démarrer leur entreprise, à condition d'être inscrits gratuitement dans une agence du FNE et d'avoir un projet viable. Le financement octroyé peut atteindre jusqu'à 20 millions FCFA avec un remboursement flexible, favorisant ainsi les activités de production, de services et de distribution tant en milieu rural qu'urbain[4].

---

[1] Jocelyne NDOUYOU. (2023, 07 septembre). Cameroun Tribune. Accompagnement des projets innovants : où en est le Fonds « Proto » ? Consulté sur https://www.cameroun-tribune.cm/article.html/60061/fr.html/accompagnement-projets-innovants-ou-en-le

[2] Le capital minimal de création d'une sarl au Cameroun est passé de 1.000.000 frs XAF à 100.000 frs XAF

[3] (2023, 12 décembre). Fonds National d'Insertion des Jeunes (FONIG). Consulté sur https://fonij.cm

[4] Le FNE & les Chercheurs d'Emploi. Consulté sur https://fnecm.org/index.php/fr/mesures-d-appui-100210/projets

Avant de conclure ce chapitre qui mettait en évidence les opportunités pour les jeunes dans l'économie émergente, il nous semble pertinent d'apprécier les initiatives actuelles mis en place par le gouvernement en faveur des jeunes. Elles sont abondantes, ce qui montre une volonté manifeste d'autonomiser les jeunes. Cependant il est à craindre que cette multiplicité des structures qui se chevauchent sans réelle coordination dilue l'éfficacité tant espérée. Prenons l'exemple du PTS qui vise à créer des emplois décents en finançant massivement les jeunes porteurs de projets. Un tel projet est curieusement porté par le ministère de la jeunesse avec ses experts pourtant formé à la base pour l'animation et l'orientation des jeunes. Ils leur reviennent d'analyser les business plan des porteurs de projets quand ce n'est pas eux qui les conçoivent. Pourtant il existe une multitude de Services Publics à l'Emploi (SPE) ou proche d'elle et qui a des experts formés pour la circonstance. Par exmple l'APME, le FNE et de façon plus large le ministère des petites et moyenne entreprise et celui de l'industrie. Et pourquoi ne pas, au besoin, sous-traiter l'évaluation des dossiers ou la formation des porteurs de projets par des entités privés tels que des banques et autres cabinets spécialisés. Est-ce le mot jeune dans ''Plan Triennal Spécial Jeune'' qui incite à confier un tel projet au ministère portant le même nom ? Ou alors ce serait une sorte de panique comme semble le souligné si bien le Directeur Général du FNE : "Beaucoup de pays semblent paniquer devant la problématique du chômage des jeunes... Ils créent une multitude de structures pour lutter contre le phénomène. Les unes pour gérer l'emploi, et les autres pour l'emploi des jeunes. Alors que l'on sait que ces jeunes représentent en moyenne, selon les pays, 60 à 70% de la population. Donc traiter de l'emploi tout court, c'est, par conséquent, traiter principalement de l'emploi des jeunes.[1]" Cette citation illustre parfaitement le besoin de recentrer les actions sur des institutions existantes, plutôt que de créer de nouvelles structures. Cela permettrait une utilisation plus efficace des ressources et un impact plus important sur le terrain.

---

[1] Camille, Moutè à Bidias. (2009). *L'emploi en Afrique au Sud du Sahara : Que faire ?* Yaoundé: IFRIKIYA. Page 86.

En conclusion, ces initiatives et programmes constituent autant de leviers essentiels pour accompagner les jeunes dans la réalisation de leurs projets professionnels et entrepreneuriaux. Ils offrent un écosystème propice à l'épanouissement de la créativité, du leadership et de l'engagement chez les jeunes, tout en contribuant au dynamisme économique du pays. Ces efforts témoignent de la volonté collective de soutenir la jeunesse camerounaise dans son aspiration à jouer un rôle actif dans la construction d'un avenir prospère et durable pour le Cameroun.

Alors que l'exploration des initiatives mis en place par le gouvernement jusqu'ici révèle un paysage riche en possibilités et en ressources dédiées à l'autonomisation de la jeunesse, il nous semble pertinent de souligner la responsabilisation et le leadership comme des compétences essentielles grâce auxquelles les jeunes devront se munir pour saisir ces opportunités.

Chapitre 5. Responsabilisation et leadership des jeunes dans la construction d'un Cameroun émergent

Les jeunes réclament une gouvernance exemplaire et critiquent principalement le manque de transparence du gouvernement. Bien que légitime, ces jeunes gagneraient plutôt à apprendre de leur revers passé[1] et opter pour s'engager activement dans la prise de décisions politiques au niveau local, régional, voire national ou international. Leur désir de changement et leur nombre peuvent constituer un levier puissant s'ils s'impliquent davantage dans la sphère politique.

L'appel à l'engagement politique des jeunes souligne l'importance de leur participation active dans la gouvernance et la prise de décisions, encourageant une réflexion sur leur potentiel à influencer positivement le développement du pays à travers leur implication citoyenne.

Ce thème a déjà été partiellement abordé dans le chapitre portant sur le développement personnel et l'engagement civique, en soulignant l'importance de l'implication des jeunes dans la sphère politique pour promouvoir une gouvernance exemplaire et transparente. Ici il est question d'entrer plus dans le détail en illustrant comment cela peut se faire en acquérant des compétences en leadership. Dans ce chapitre donc nous allons explorer l'accompagnement et l'autonomisation des jeunes talents émergents et des programmes de mentorats visant à développer les compétences en leadership des jeunes. Puis nous allons présenter des profils détaillés de ces jeunes leaders, en mettant en lumière leurs parcours, leurs réalisations et l'impact positif qu'ils ont sur la société.

1. Accompagnement et autonomisation des jeunes talents émergents et des programmes de mentorats visant à développer les compétences en leadership des jeunes

La question du leadership, de la responsabilisation et de l'autonomisation des jeunes revêt une importance cruciale dans le contexte de la vision d'émergence nationale du Cameroun. Ces concepts sont intimement liés à la capacité des jeunes à jouer un rôle actif et significatif dans la transformation socio-économique du pays, et leur

[1] Il nous semble pertinent de souligner que des revendications vaines ne sont pas la solution. Mais un engagement actif est la voie pour transformer leurs aspirations en actions concrètes.

compréhension approfondie est essentielle pour leur développement personnel et pour l'avancement global de la société.

Il s'agit non seulement pour les jeunes de se former à assumer des rôles de direction et d'influence, mais également à développer une vision positive et inclusive pour l'avenir du Cameroun. Cela implique pour chacun, de cultiver des compétences telles que la communication efficace, la prise de décision éclairée, la gestion des conflits, et surtout, l'inspiration des autres à contribuer activement au progrès collectif.

Il est possible et important de mesurer son acquisition de ces compétences par sa capacité à identifier des défis, à proposer des solutions et à les mettre en œuvre avec succès (resolution de problèmes). Sa capacité à s'exprimer clairement, à écouter activement, à poser des questions pertinentes et à interagir de manière constructive avec les autres (communication efficace). Sa capacité à organiser ses tâches, à prioriser ses activités et à respecter les délais fixés pour atteindre ses objectifs (gestion du temps). Sa capacité à analyser de manière objective l'information, à remettre en question les idées préconçues et à prendre des décisions éclairées en se basant sur des faits (esprit critique). Sa capacité à travailler efficacement en équipe, à partager les responsabilités, à respecter les opinions des autres et à contribuer de manière positive à la réalisation d'objectifs communs (collaboration). Sa capacité à s'ajuster face aux changements, à faire preuve de flexibilité et d'ouverture d'esprit pour s'adapter aux nouvelles situations et aux différents environnements (adaptabilité).

En observant sa propre attitude, ses interactions avec les autres et ses réalisations au quotidien, un jeune peut évaluer sa progression en termes de compétences et identifier les domaines où il a déjà acquis un certain niveau de maitrise. Il n'est pas exclu également de solliciter des retours d'expérience de la part de ses proches, de ses enseignants ou de ses collègues pour obtenir une évaluation externe de ses compétences et identifier des axes d'amélioration potentiels.

Parallèlement, la responsabilisation des jeunes revêt une importance capitale. Il est essentiel de créer et d'évoluer dans un environnement propice où chaque jeune se sent investis d'une réelle responsabilité envers son propre avenir et celui de sa communauté. Cela passe par la reconnaissance de ses capacités à initier le changement, à défendre des valeurs éthiques, à agir de manière responsable sur le plan social et environnemental, et à contribuer de manière significative au développement durable du pays.

Enfin, l'autonomisation des jeunes est un élément clé pour favoriser leur participation active dans la construction d'un Cameroun émergent. Cela implique de créer des opportunités concrètes pour les jeunes d'acquérir les compétences nécessaires, d'accéder à l'éducation et à la formation professionnelle, d'entreprendre des initiatives entrepreneuriales, et surtout, de se voir accorder une place légitime dans les processus décisionnels qui façonnent leur avenir.

Prenons par exemple le cas de Bertin TCHOFFO[1], un jeune entrepreneur passionné d'agriculture durable. En s'appuyant sur son leadership et sa vision, il a lancé un projet de transformation agricole dans son pays le Cameroun, encourageant ainsi l'autonomisation économique et la responsabilisation environnementale. Son initiative a non seulement créé des opportunités d'emploi pour les jeunes, mais a également contribué à la sécurité alimentaire locale et à la préservation des ressources naturelles.

De même, Cabral, un jeune engagé, a su faire preuve de leadership en atteignant des milieux reculés en un temps record, là où de nombreux aînés avaient échoué, laissant croire qu'un tel résultat était impossible. En tant que nouvel arrivant, il a obtenu la troisième place à la présidentielle, remporté 5 sièges de députés, 7 mairies et 230 sièges de conseillers municipaux. Son engagement prouve que chaque jeune a le pouvoir d'initier un changement positif, même à petite échelle, tant qu'il aspire à de grandes ambitions. Si dès le départ, il n'avait visé qu'une mairie, aurait-il vraiment pu réussir à gagner ?

En tant que jeunes, nous avons le potentiel de créer un impact significatif dans tous les domaines, que ce soit par le biais de l'entrepreneuriat social, de l'engagement communautaire, de la promotion de l'éducation, ou encore par notre participation active dans les processus décisionnels. Chacune de nos actions peut contribuer à forger un Cameroun émergent, résilient et inclusif. Mieux encore, ensemble, en nous appuyant sur nos qualités de leadership, en acceptant notre responsabilité envers notre société et en recherchant notre autonomisation, nous pouvons concrétiser nos rêves et aspirations tout en contribuant au développement global du pays. Il est temps d'agir, d'innover et d'inspirer le changement. Notre engagement aujourd'hui façonnera le Cameroun de demain. Loin d'être une utopie, il existe bel

[1] Nous y reviendrons plus en détail à la page 128.

et bien des exemples inspirants de jeunes leaders ayant contribué de manière significative au developpement socio-économique du pays.

2. Mise en lumière des jeunes leaders qui apportent chaque jour leur contribution au developpement socioéconomique du Cameroun

A présent, mettons en lumière les jeunes leaders exceptionnels qui, par leur responsabilité et leur leadership, ont apporté une contribution significative au développement socioéconomique du Cameroun. Leurs parcours inspirants démontrent que la jeunesse camerounaise est pleine de ressources et de potentiel pour impulser un réel changement positif.

Prenons l'exemple de Nourane Foster : son engagement politique doublé du volet social l'aurait certainement placé dans la case des modèles des jeunes dans le domaine civique et social que nous avons vu au chapitre 3[1], mais il nous a semblé plus pertinent de souligner en elle son côté entrepreneurial. Elle est incontestablement un modèle de résilience pour les jeunes filles au vu de son parcours empreint de courage et de détermination. Et puis après tout, s'engager en politique est tout autant une entreprise. Ayant débuté ses entreprises dans la vente des cosmétiques et des mèches puis l'immobilier, elle s'est fait connaître du public par ses stratégies marketing sur les réseaux sociaux[2]. Qui n'a pas été séduit par ces chambres meublées aux ornements de noces mais accessible au citoyen modeste dans la ville de Douala ? Ce n'était certainement pas la villa meublée la plus spacieuse ni la plus grande de la ville, mais c'était l'une des pionnières dans la vulgarisation du concept au Cameroun. Lorsque la plupart des propriétaires se contentaient d'exercer dans l'ombre, peut-être pour échapper au fisc ou par décence ou simplement par manque de créativité. Avec une énergie propre aux jeunes, elle ne s'est pas contentée de s'assoir et de consommer le fruit de son dur labeur. Non, chaque jour elle va d'innovation en innovation, créant ci et là un nouveau projet de packaging de riz, une nouvelle variété de chocolat, sortant par la même occasion des jeunes du chômage.

---

[1] Chapitre 3 : Developpement personnel et engagement civique et social (Partie 2. De l'émergence du Cameroun à l'horizon 2035)

[2] Cameroon CEO. (2018, 03 août). Consulté sur http://www.cameroonceo.com/2018/08/03/nourane-foster-cofounder-ceo-nourishka-la-nouvelle-icone-feminine-des-affaires-au-cameroun

Par ailleurs, nous ne pouvons passer sous silence l'engagement de Rebecca Ennonchong. Bien qu'issu d'une famille riche, son dévouement envers la jeunesse est à saluer. Elle aurait pu se contenter de jouir de l'héritage paternelle hors du pays pour échapper justement à un système gouvernemental contre lequel elle est toujours critique. Ou encore elle aurait pu côtoyer ce gouvernement en le caressant dans le sens du poil dans l'objectif de consolider son héritage. Mais non, elle a choisi de créer elle-même de la valeur ajoutée en initiant des projets technologiques notamment les services aux entreprises[1]. Mieux son côté critique envers le gouvernement fait d'elle une figure très influente de la société civile au Cameroun. Encore plus importante lorsque l'on sait que certaines de ses sorties ont souvent été l'aube des rétropédalages de certaines décisions controversées du gouvernement. Le cas par exemple de la double taxe sur les téléphones importés[2] ou sur les tranferts d'argent[3]. Elle est incontestablement une figure influente sur le plan national. Et les institutions le lui reconnaissent en faisant appel à elle dans des jurys de sélections des projets innovants. Le cas du POESAM lancé par le groupe Orange[4].

Regardons aussi le parcours empreint de résilience de Bertin TCHOFFO, le plus grand producteur de manioc en Afrique centrale. Parti de rien, ce camerounais a été SDF en France puis a exercé de petit boulot tels qu'agent d'entretien, livreur de journaux, vigiles avant de décider de changer la donne en se formant. Une formation de deux mois seulement aurait suffit à cet homme déterminé pour démarrer son entreprise d'entretien, de gagner des contrats et de recruter du personnel

---

[1] Julien Clémençot. (2022, 01 juin). Jeune Afrique. Rebecca Enonchong : dix choses à savoir sur l'électron libre de la tech africaine. Consulté sur https://www.jeuneafrique.com/1350803/economie-entreprises/cameroun-dix-choses-a-savoir-sur-rebecca-enonchong-lelectron-libre-de-la-tech-africaine

[2] Sylvain Andzongo. (2020, 12 octobre). Collecte numérique des droits de douane sur les téléphones : Libom Li Likeng acculée sur Twitter. Consulté sur https://www.investiraucameroun.com/index.php/gestion-publique/1210-15363-collecte-numerique-des-droits-de-douane-sur-les-telephones-libom-li-likeng-acculee-sur-twitter

[3] Juliane Barday. (2023, 01 juillet). Rebecca Enonchong : passionnée de technologie et multi-entrepreneure au Cameroun. Consulté sur https://www.classe-export/com/index.php/pays/afrique/74204-rebecca-enonchong-passionnee-de-technologie-et-multi-entrepreneure-au-cameroun

[4] EcoMatin. (2019, 16 septembre). Poesam 2019: Orange Cameroun prime 4 start-up. Consulté sur https://ecomatin.net/poesam-2019-orange-cameroun-prime-4-start-up

qu'il n'hésite pas à former au besoin[1]. Ambitieux, il ne s'est pas arrêté là, il décide d'investir dans son pays d'origine en démarrant une entreprise agroalimentaire au Cameroun. C'est ainsi qu'il se lance dans la production d'huile de palme et de manioc. Il transforme le premier produit en produits cosmétiques qu'il commercialise en Afrique centrale et au-délà tandis que le second produit permet de faire la farine servant aussi bien à la consommation de couscous qu'à la fabrication de pain comme alternative aux blés importés. Mieux encore et plus rare dans l'écosystème entrepreneurial africain, il partage son expérience professionnelle à travers des conférences et ateliers[2].

Ces exemples inspirants illustrent le pouvoir transformateur de la responsabilité et du leadership des jeunes. Ils démontrent que chaque initiative, aussi modeste soit-elle, peut avoir un impact significatif sur notre société et notre économie. Ces jeunes leaders ont su relever des défis, mobiliser des ressources et inspirer leur entourage à agir pour un Cameroun meilleur.

En reconnaissant et en célébrant ces réussites, nous encourageons d'autres jeunes à suivre leur exemple, à prendre leur place dans la construction de l'avenir du Cameroun. On se dit qu'ensemble, en cultivant leur sens des responsabilités et en faisant preuve de leadership, il est possible d'être les artisans d'un développement socioéconomique inclusif et durable pour le Cameroun où plus modestement pour sa communauté.

---

[1] Loïc Gabin KUATE. (2022, 12 mai). Afrik Jeune. De SDF à entrepreneur : le parcours du Camerounais Bertin Tchoffo, devenu chef d'entreprise en Europe. Consulté sur https://www.afrik-jeunes.net/de-sdf-a-entrepreneur-le-parcours-du-camerounais-bertin-tchoffo-devenu-chef-dentreprise-en-europe/

[2] Agence Ecofin. (2022, 11 mai). Agence Ecofin. De SDF à entrepreneur : le parcours du Camerounais Bertin Tchoffo, devenu chef d'entreprise en Europe. Consulté sur https://www.agenceecofin.com/entreprendre/1105-97476-de-sdf-a-entrepreneur-le-parcours-du-camerounais-bertin-tchoffo-devenu-chef-d-entreprise-en-europe

Partie 3. Rythmes Médiatiques : Impact Culturel et Social chez les Jeunes d'Afrique

Pour terminer cet ouvrage avec notre aproche d'un développement du Cameroun axé sur chaque communauté, avant de tout globalisé en les interconnectant sur le plan national, il m'a semblé pertinent de proposer une direction stratégique des médias. Cette partie traite du rôle que peut jouer les médias africains dans la promotion des contenus locaux et la valorisation des valeurs africaines. Il est indéniable que les médias ont un impact significatif sur la perception et les attitudes des jeunes. Cette partie intervient en réponse à un certain nombre des critiques panafricaines qui accusent les médias occidentaux de vouloir imposer certaines valeurs qui ne sont pas propres à l'Afrique à travers des contenus divers. Ma réponse consiste, non pas à se joinder à ces plaintes ni à inciter le gouvernement à adopter une politique de protection. Quoique cette dernière option est à prendre au sérieux. Ma réponse à ces plaintes panafricaines est de risposter à ces attaques en produisant des contenus de qualité aussi variés que possible et à être plus compétitif de façon à séduire le public jeune africains et pourquoi pas à influencer les autres parties du monde en vendant l'image d'une afrique propspère et fière d'elle-même.

Cette troisième partie tend à explorer en profondeur comment les médias africains peuvent jouer un rôle essentiel dans l'autonomisation des jeunes en mettant en avant des initiatives locales, en encourageant l'innovation et en promouvant les valeurs culturelles et traditionnelles africaines. Il serait également intéressant d'examiner comment les médias peuvent contribuer à renforcer l'identité culturelle et la fierté africaine chez les jeunes.

Chapitre premier. L'influence des médias occidentaux sur la jeunesse africaine

Dans un contexte où les médias occidentaux sont pointés du doigt comme exercant une influence grandissante sur les attitudes, les comportements et les perceptions des jeunes en Afrique, il est essentiel d'analyser de manière approfondie les répercussions de cette dynamique sur l'identité culturelle et les valeurs traditionnelles du continent. Ce chapitre se propose ainsi d'examiner en trois volets distincts l'impact des médias occidentaux sur la jeunesse africaine. Dans un premier temps, nous nous pencherons sur l'analyse de cette influence, mettant en lumière les changements observés dans les attitudes et comportements des jeunes africains. Ensuite, nous identifierons les thèmes récurrents présents dans les contenus médiatiques occidentaux susceptibles d'avoir une influence négative sur la jeunesse africaine. Enfin, nous explorerons les défis posés par cette influence et ses conséquences sur l'identité culturelle et les valeurs traditionnelles du continent. Cette approche multidimensionnelle vise à offrir une vision complète des enjeux soulevés par l'interaction entre les médias occidentaux et la jeunesse africaine.

1. Analyse de l'impact des médias occidentaux sur les attitudes, les comportements et les perceptions des jeunes en Afrique

L'influence des médias occidentaux sur les attitudes, les comportements et les perceptions des jeunes en Afrique est un sujet complexe et multidimensionnel qui mérite une analyse approfondie.

D'un côté les médias occidentaux, tels que les films, les séries télévisées, la musique et les réseaux sociaux, peuvent offrir une perception idéalisee de la culture occidentale. En effet, ces médias diffusent souvent des représentations idéalisées de la culture occidentale, mettant en avant des modes de vie, des valeurs et des normes qui peuvent être perçus comme attractifs par les jeunes en Afrique. Cette exposition constante à des images et des narratives occidentales peut contribuer à une certaine admiration pour la culture occidentale et à une aspiration à adopter certains aspects de cette culture.

D'un autre côté, les médias occidentaux peuvent influencer les attitudes et les comportements des jeunes en Afrique en promouvant des modèles de réussite, de beauté ou de comportement qui correspondent aux normes occidentales. Cela peut entraîner une forme d'imitation ou d'identification avec ces modèles, parfois au détriment de la valorisation de la culture locale ou de l'estime de soi basée sur des critères authentiquement africains.

Enfin il ne faut pas négliger l'impact de l'influence des médias occidentaux sur la perpection de soi et d'autrui. En effet, la représentation souvent stéréotypée des Africains dans les médias occidentaux peut également avoir un impact sur la perception que les jeunes en Afrique ont d'eux-mêmes et sur la manière dont ils sont perçus par les autres. Les images négatives ou simplistes véhiculées par certains médias occidentaux peuvent renforcer des préjugés et des complexes chez les jeunes africains, affectant ainsi leur estime de soi et leurs interactions avec le monde extérieur.

Dans ce contexte complexe d'interactions entre cultures, il est essentiel de promouvoir une éducation aux médias critique parmi les jeunes en Afrique afin qu'ils puissent développer un regard conscient sur les messages médiatiques qu'ils consomment. En encourageant une analyse réfléchie des contenus médiatiques, les jeunes peuvent mieux comprendre l'impact potentiel des médias occidentaux sur leurs attitudes, leurs comportements et leurs perceptions, tout en affirmant leur identité culturelle et en valorisant leur propre héritage.

Cette prise de recul critique face aux médias permet aux jeunes en Afrique de faire des choix éclairés quant aux influences qu'ils souhaitent intégrer dans leur vie quotidienne, tout en célébrant la diversité culturelle du continent africain. C'est le lieu d'identifier les thèmes récurrents dans les contenus médiatiques occidentaux qui pourraient influencer négativement la jeunesse africaine.

2. Identification des thèmes récurrents dans les contenus médiatiques occidentaux qui pourraient influencer négativement la jeunesse africaine

Les médias occidentaux véhiculent souvent des stéréotypes et des perceptions négatives qui influencent la jeunesse africaine de manière préjudiciable. Il va sans dire que beaucoup de jeunes africains de la diaspora pour des intérêts personnels accentuent de telles clichés. Que ce soit pour obtnenir un statut de réfugié[1] ou une aide quelconque. Ces thèmes récurrents sont variés et couvrent plusieurs aspects de la société.

En premier lieu, nous avons le sensationalisme : en effet, les médias occidentaux ont parfois tendance à se concentrer sur les événements sensationnels et les faits divers en Afrique, donnant une image déformée et biaisée de la réalité du continent.

En second lieu, nous avons l'image d'une Afrique qui croule sous le poids de la pauvreté et de la misère. En effet les reportages occidentaux ont tendance à mettre en avant la pauvreté, les conflits armés et les catastrophes naturelles en Afrique. Ce qui tend à renforcer des clichés négatifs et réducteurs sur le continent, occultant ses aspects positifs et son potentiel de développement.

En troisième lieu, nous avons l'image d'une Afrique en proie à la violence et l'instabilité politique. En effet les médias occidentaux ont parfois tendance à focaliser leur couverture médiatique sur les conflits armés, les crises politiques et les violences en Afrique, contribuant à renforcer une image d'un continent en proie au chaos et à l'instabilité.

En quatrième lieu, une Afrique incapable de se développer sans aide extérieure. En effet certains discours médiatiques peuvent sous-entendre que l'Afrique est incapable de se développer par elle-même et a constamment besoin d'aide extérieure, renforçant ainsi un sentiment d'infériorité chez la jeunesse africaine.

Enfin, en cinquième lieu, nous avons la téléréalité qui offre au public africain des réalités qui ne lui sont pas propres. En effet, en mettant en avant des comportements superficiels, des relations conflictuelles et des valeurs matérialistes, certaines émissions de téléréalité peuvent véhiculer des modèles inadaptés et des standards de réussite basés sur l'apparence et la célébrité instantanée.

Ce point mérite qu'on s'y attarde davantage, car ce type de contenu est de plus en plus prisé par les jeunes d'aujourd'hui. La téléréalité occidentale peut également jouer un rôle dans l'influence négative sur la jeunesse africaine. Ce type de contenu peut contribuer à façonner les aspirations et les attitudes des jeunes spectateurs en valorisant des valeurs individualistes, parfois au détriment du sens des responsabilités, du travail acharné et du respect des autres.

En s'éloignant des réalités quotidiennes de la majorité des jeunes en Afrique, la téléréalité peut créer un décalage entre les attentes créées

---

[1] Belorgey Jean-Michel. Demandeurs d'asile et réfugiés. In : Hommes et Migrations, n°1117, décembre 1988. Dossier Illetrisme. pp. 1-11.

par ces émissions et les opportunités réelles de développement personnel et professionnel. L'émission « Qui veut gagner des millions » illustre bien le contraste entre les opportunités perçues et la réalité quotidienne de nombreux jeunes en Afrique. Dans les pays occidentaux, des émissions de ce type peuvent donner l'impression qu'avec un peu de chance et de talent, n'importe qui peut devenir riche rapidement. Cela crée une aspiration qui, bien que motivante, peut être déconnectée des réalités économiques et sociales des pays en développement. Pour un jeune en Afrique, cette vision peut sembler inatteignable, surtout lorsque l'accès à l'éducation ou aux opportunités professionnelles est limité.

Quant à la représentation des femmes au foyer dans la téléréalité, cela soulève également des questions importantes. Ces émissions montrent souvent des couples idéalisés où les femmes vivent dans un cadre luxueux, avec des partenaires qui semblent toujours attentifs à leurs besoins et désirs. Pour une femme au foyer en Afrique, cela peut créer une pression immense. Elle peut se retrouver à comparer sa propre vie avec ces représentations souvent irréalistes.

La réalité d'un mari qui travaille dur pour subvenir aux besoins de sa famille peut être mise de côté. Cette femme pourrait commencer à ressentir une frustration ou une insatisfaction face à sa propre situation, car elle attendrait peut-être de son mari qu'il atteigne un niveau de succès similaire à ceux présentés dans ces émissions. Cela peut entraîner des tensions dans le couple, car les attentes peuvent ne pas correspondre aux efforts réels fournis par chacun.

Il est essentiel de reconnaître que la téléréalité peut influencer les perceptions et les attentes des gens d'une manière qui n'est pas toujours constructive. Au lieu d'encourager une vision réaliste et positive du travail acharné et du soutien mutuel dans un couple, elle peut promouvoir des idéaux superficiels qui ne tiennent pas compte des luttes quotidiennes.

Il serait bénéfique d'avoir plus de représentations authentiques dans les médias qui reflètent la diversité des expériences et des défis auxquels font face les gens en Afrique. Cela permettrait non seulement d'informer le public, mais aussi de valoriser le travail acharné et l'engagement dans le couple au lieu de favoriser une quête de richesse rapide ou d'idéaux inaccessibles. D'où l'importance de créer des émissions de téléréalités typiquement locales. Nous y reviendrons dans les chapitres suivants.

Il est donc essentiel que les jeunes africains soient encouragés à développer un esprit critique vis-à-vis des contenus médiatiques qu'ils consomment et à se tourner vers des sources d'inspiration plus constructives et enrichissantes. La promotion de modèles positifs, de réussites inspirantes et de valeurs telles que l'entraide, la solidarité et le travail acharné peut contribuer à renforcer l'estime de soi, la confiance en ses capacités et les ambitions des jeunes en Afrique.

Toutes ces représentations peuvent avoir un impact sur l'estime de soi, la perception de l'avenir et les aspirations des jeunes africains, en limitant leur vision des opportunités et en renforçant des complexes d'infériorité. Il est donc important de promouvoir une vision plus équilibrée et positive de l'Afrique pour encourager le potentiel et la créativité des jeunes générations.

3. Exploration des défis posés par cette influence et de ses conséquences sur l'identité culturelle et les valeurs traditionnelles africaines

L'émergence de ces nouveaux formats de divertissement peut avoir des implications importantes sur la perception de soi, la construction de l'identité et la préservation des héritages culturels en Afrique.

C'est ainsi que l'influence des médias occidentaux et des formats de divertissement mondialisés conduit souvent à une homogénéisation des cultures et des modes de vie, au détriment de la diversité et de la richesse des traditions africaines. Il est essentiel de préserver la spécificité et l'authenticité des cultures locales face à cette pression vers la standardisation.

De même les émissions de téléréalité ont souvent tendance à mettre en avant des modes de vie glamour, matérialistes et parfois superficiels, ce qui peut influencer négativement les perceptions et les aspirations des jeunes en Afrique. Il est donc important de promouvoir une représentation équilibrée et authentique des réalités africaines pour éviter une déconnexion avec les valeurs traditionnelles.

Par ailleurs l'exposition constante aux médias mainstream peut entraîner une dilution des identités culturelles locales, notamment chez les jeunes générations qui sont plus susceptibles d'être influencées par les tendances populaires. Il est crucial donc de renforcer la fierté culturelle, le respect des traditions et la transmission intergénérationnelle des savoirs pour préserver l'identité africaine dans un contexte mondialisé.

Linfluence des médias occidentaux sur l'identité culturelle africaine peut également avoir des répercussions sur l'entrepreneuriat des jeunes en Afrique.

En effet, l'exposition aux médias occidentaux peut influencer les perceptions des jeunes africains sur les modèles économiques à suivre, les secteurs d'activité valorisés et les standards de réussite. Il est important de promouvoir des modèles entrepreneuriaux locaux et de valoriser les succès réalisés par des entrepreneurs africains pour inspirer et encourager la jeunesse à se lancer dans l'entrepreneuriat. Pour image il ne sera pas rare de voir une entreprise ou un entrepreneur se planter en essayant de reproduire à l'identique en Afrique un modèle d'affaire inspiré de l'occident. Le cas de Walmart[1] en Afrique en du Sud ou de Jumia[2] dans plusieurs pays africains.

D'un autre côté, il est essentiel de reconnaitre que les médias occidentaux peuvent offrir des perspectives et des idées nouvelles qui stimulent l'innovation et la créativité chez les jeunes entrepreneurs africains. Il est essentiel de tirer profit de cette diversité d'influences pour encourager le développement de solutions uniques, adaptées aux réalités locales et répondant aux besoins spécifiques des communautés africaines.

Par ailleurs l'entrepreneuriat peut être un moyen puissant de célébrer la diversité culturelle africaine, en encourageant la création d'entreprises qui valorisent les traditions, les savoir-faire artisanaux et les expressions culturelles locales. En intégrant ces éléments dans les initiatives entrepreneuriales, on contribue à préserver et promouvoir l'identité culturelle africaine tout en stimulant l'économie.

En soutenant les jeunes entrepreneurs dans la valorisation de leur identité culturelle, dans l'intégration de bonnes pratiques entrepreneuriales et dans l'exploration de modèles d'affaires durables, on favorise un entrepreneuriat authentique, inclusif et bénéfique pour la société dans son ensemble.

---

[1] Alexandra Wexler. (2023, 15 septembre). Pour s'imposer en Afrique, Walmart ne lésine pas sur les moyens. Consulté sur https://www.lopinion.fr/economie/pour-simposer-en-afrique-walmart-ne-lesine-pas-sur-les-moyens

[2] Basile DEKONINK. (2019, 19 décembre). E-commerce : le difficile apprentissage de l'Africain Jumia à Wall Street. Consulté sur https://www.lesechos.fr/industrie-services/conso-distribution/e-commerce-le-difficile-apprentissage-de-lafricain-jumia-a-wall-street-1157789

En definitive, aborder ces défis avec sensibilité et encourager un dialogue ouvert sur l'impact des médias sur la culture africaine, il est possible de trouver un équilibre entre l'innovation et la préservation, entre la modernité et la tradition. En valorisant les récits authentiques, les expressions artistiques locales et les voix diverses au sein des médias, on peut contribuer à renforcer l'identité culturelle africaine et à promouvoir le respect des valeurs traditionnelles.

Chapitre 2. Les opportunités des médias locaux pour l'autonomisation de la jeunesse

Dans ce chapitre, penchons-nous sur les opportunités offertes par les médias locaux pour l'autonomisation de la jeunesse. Il est indéniable que les médias locaux jouent un rôle crucial dans la promotion de contenus pertinents, inspirants, et éducatifs qui mettent en valeur les réalités locales. À travers des exemples concrets de programmes médiatiques réussis, nous allons explorer comment ces initiatives peuvent encourager l'innovation, l'entrepreneuriat et la préservation des traditions culturelles au sein des communautés. De plus, nous allons discuter de la manière dont les médias locaux peuvent servir de plateforme pour renforcer l'identité culturelle et la fierté africaine chez les jeunes. Ce chapitre vise à mettre en lumière le potentiel transformateur des médias locaux dans l'épanouissement et l'autonomisation de la jeunesse locale.

1. Mise en lumière du potentiel des médias locaux pour promouvoir des contenus pertinents, inspirants et éducatifs mettant en valeur les réalités locales

Les médias locaux jouent un rôle crucial dans l'autonomisation de la jeunesse africaine en offrant des opportunités uniques pour promouvoir des contenus pertinents, inspirants et éducatifs qui mettent en valeur les réalités locales. Voici quelques points à considérer sur ce sujet :

Dans un premier temps et alors que l'Afrique est en proie au chômage des jeunes, les médias locaux offrent aux jeunes entrepreneurs une plateforme pour s'exprimer, partager leurs histoires, promouvoir leurs initiatives et mettre en lumière leur potentiel créatif. En mettant en avant des success stories locales, en valorisant les compétences et les talents des jeunes, les médias locaux contribuent à renforcer la confiance en soi et à inspirer d'autres à se lancer dans l'entrepreneuriat. Mieux encore, les médias locaux peuvent être capable d'absorber le trop-plein de chômage des jeunes en générant des emplois. C'est le cas déjà avec le phénomène Nollywood au Nigéria considéré comme la seconde source d'emploi après l'agriculture[1].

[1] Rebecca Moudio. (2013, Mai). Le cinéma nigérian : une mine d'or potentielle ? consulté sur https://www.un.org/africarenewal/fr/magazine/mai-2013/le-cinema-nigerian-une-mine-d'or-potentielle

Par ailleurs les médias locaux peuvent jouer un rôle essentiel dans l'éducation et la sensibilisation des jeunes en diffusant des contenus éducatifs, informatifs et inspirants sur l'entrepreneuriat, le développement personnel, les opportunités économiques locales, etc. En fournissant des informations pertinentes et en suscitant des débats constructifs, les médias locaux contribuent à former une jeunesse informée, engagée, et motivée à agir pour son propre développement.

Les médias locaux peuvent également faciliter la création de réseaux et de partenariats entre jeunes entrepreneurs, organisations de soutien à l'entrepreneuriat, institutions académiques et acteurs du développement économique local. En favorisant le partage de bonnes pratiques, la collaboration entre différents acteurs et la mise en relation des talents locaux, les médias locaux renforcent l'écosystème entrepreneurial et favorisent l'émergence de projets innovants et durables.

En exploitant le pouvoir des médias locaux pour mettre en avant le talent, l'ingéniosité et la diversité des jeunes entrepreneurs africains, on contribue non seulement à renforcer l'autonomisation économique des jeunes, mais aussi à promouvoir une image positive et authentique de l'Afrique sur la scène internationale.

2. Exemples de programmes médiatiques réussis visant à encourager l'innovation, l'entrepreneuriat et la préservation des traditions culturelles

Parlons à présent de quelques modèles inspirants de programmes médiatiques qui ont réussi à encourager l'innovation, l'entrepreneuriat et la préservation des traditions culturelles en Afrique.

Nous avons le programme "Lion's Den"[1] (ou "Dragons' Den"), qui est une adaptation africaine de l'émission télévisée qui met en avant des entrepreneurs en herbe présentant leurs projets devant un panel d'investisseurs expérimentés. Ce programme encourage l'innovation et l'entrepreneuriat en offrant une plateforme médiatique pour présenter des idées novatrices et obtenir un soutien financier et stratégique pour les concrétiser.

Ce type de programmes médiatiques réussis illustrent comment les médias peuvent jouer un rôle important dans la promotion de l'innovation, de l'entrepreneuriat et de la préservation des traditions

[1] Agence Ecofin. (2016, 06 mai). Kenya : Nation Tv lance une émission de téléréalité sur le financement des entrepreneurs. Consulté sur https://www.agenceecofin.com/audiovisuel/0605-37894-kenya-nation-tv-lance-une-emission-de-telerealite-sur-le-financement-des-entrepreneurs

culturelles en Afrique. En offrant une visibilité aux initiatives locales, en inspirant la jeunesse à agir et en valorisant la richesse du patrimoine culturel africain, ces programmes contribuent à renforcer l'autonomisation des communautés et à stimuler le progrès socio-économique.

3. Discussion sur la manière dont les médias locaux peuvent servir de plateforme pour renforcer l'identité culturelle et la fierté africaine chez les jeunes

Les médias locaux ont un rôle essentiel à jouer dans le renforcement de l'identité culturelle et de la fierté africaine chez les jeunes. Ils le font déjà de plusieurs façons.

D'abord les médias locaux peuvent contribuer à mettre en lumière la richesse et la diversité des cultures africaines en diffusant des programmes qui célèbrent les traditions, les langues, la musique, la danse, l'art et les coutumes de chaque communauté. En montrant la diversité culturelle du continent, les médias locaux aident les jeunes à mieux comprendre et apprécier la pluralité des identités africaines.

Mieux encore les médias locaux offrent une vitrine aux artistes, écrivains, musiciens, artisans et créateurs locaux en mettant en avant leur travail et en leur donnant l'opportunité de partager leurs histoires et leurs inspirations. En valorisant les talents et les réalisations des jeunes artistes africains, les médias locaux encouragent la créativité et renforcent le sentiment de fierté culturelle chez les jeunes.

Enfin les médias locaux peuvent jouer un rôle crucial dans la transmission d'une histoire authentique de l'Afrique en mettant en avant des récits positifs sur le passé, le présent et l'avenir du continent. En racontant l'histoire des luttes passées et des réussites présentes des Africains, les médias locaux aident à forger une identité collective basée sur la résilience, la créativité et la diversité culturelle.

Plus haut nous avons souligné que nous allons beaucoup insister sur la téléréalité en tant que plateforme médiatique prédominante pour les jeunes de nos jours.

En effet la téléréalité est devenue une plateforme médiatique incontournable pour les jeunes d'aujourd'hui, jouant un rôle crucial dans le renforcement de l'identité culturelle et de la fierté africaine. Lorsqu'elle est utilisée de manière constructive et éducative, la téléréalité peut mettre en avant la richesse de la diversité culturelle du continent.

Les émissions qui rassemblent des participants issus de différentes cultures et origines ethniques sensibilisent le public à cette diversité. En illustrant des interactions entre des individus aux parcours variés, elles favorisent la compréhension mutuelle et encouragent le respect des différences culturelles. De plus, certaines émissions se concentrent sur les traditions culturelles, les métiers artisanaux ou les pratiques ancestrales. En valorisant ces aspects positifs de la culture africaine, elles renforcent le sentiment d'appartenance et de fierté identitaire chez les jeunes, tout en encourageant la transmission des héritages culturels aux générations futures.

La téléréalité peut également inspirer et offrir des modèles positifs en mettant en avant des entrepreneurs, artistes, activistes et innovateurs. En présentant des histoires de résilience et réussite basés sur le travail acharné et la solidarité, plutôt que sur la superficialité, ces programmes incitent les jeunes à poursuivre leurs rêves et à s'engager activement dans leur communauté.

En intégrant des éléments éducatifs, culturels et inspirants dans leurs formats, les producteurs médiatiques contribuent à offrir une expérience télévisuelle enrichissante aux jeunes Africains. Cela favorise une représentation positive et équilibrée de l'Afrique dans les médias locaux et donne aux jeunes la possibilité de s'exprimer sur leur identité culturelle tout en promouvant un dialogue interculturel constructif.

De plus, ces émissions valorisent les cultures, traditions et récits authentiques africains. Elles permettent aux téléspectateurs de s'identifier aux protagonistes issus de divers horizons, rendant ainsi l'expérience de visionnage plus significative. D'autre part, elles abordent des sujets cruciaux qui touchent la vie quotidienne des Africains – tels que le travail, la famille et l'éducation – tout en suscitant des discussions constructives sur des questions sociales.

En développant leurs propres contenus, les créateurs africains peuvent réduire leur dépendance vis-à-vis des formats occidentaux qui ne reflètent pas toujours les réalités locales. Cela peut contribuer à une industrie médiatique plus durable et autonome, où les créateurs africains ont le pouvoir de raconter leurs propres histoires sans être influencés par des normes externes.

Enfin, ces émissions peuvent également stimuler l'économie locale en créant des emplois dans la production, le marketing et la distribution. Cela peut encourager davantage de talents locaux à s'impliquer dans l'industrie du divertissement, favorisant ainsi l'innovation et la créativité. De plus, en intégrant des éléments culturels authentiques, ces émissions peuvent créer un lien émotionnel fort avec le public. Cela pourrait également ouvrir la voie à des collaborations entre créateurs locaux et internationaux, enrichissant ainsi le contenu proposé. C'est une belle opportunité pour valoriser la richesse de la diversité africaine tout en stimulant l'innovation dans l'industrie du divertissement.

En somme, la téléréalité a le potentiel d'être un vecteur puissant pour renforcer l'identité culturelle et promouvoir la fierté africaine chez les jeunes générations.

En conclusion, les médias locaux en Afrique représentent une véritable opportunité pour l'autonomisation de la jeunesse. En mettant en avant des contenus pertinents, inspirants et éducatifs qui résonnent avec les réalités locales, ces médias ont le pouvoir de transformer les perceptions et d'encourager un changement positif. Les exemples de programmes médiatiques réussis illustrent parfaitement comment l'innovation, l'entrepreneuriat et la préservation des traditions culturelles peuvent être intégrés dans des formats accessibles et engageants.

De plus, en servant de plateforme pour renforcer l'identité culturelle et la fierté africaine, les médias locaux jouent un rôle crucial dans l'épanouissement des jeunes. En favorisant une représentation authentique et en mettant en lumière les talents locaux, ces initiatives contribuent à créer un écosystème dynamique où les jeunes peuvent s'exprimer, se connecter et s'inspirer mutuellement. Ainsi, en développant davantage de programmes adaptés aux réalités africaines, notamment dans le domaine de la téléréalité, nous pouvons non seulement célébrer la richesse de notre diversité culturelle mais aussi ouvrir la voie à de nouvelles opportunités pour les générations futures.

Chapitre 3. Stratégies pour une production médiatique orientée vers la jeunesse

Dans ce chapitre, nous nous penchons sur les stratégies essentielles pour une production médiatique orientée vers la jeunesse. Nous explorons en profondeur les approches créatives permettant de concevoir des contenus attrayants et pertinents spécifiquement adaptés à la jeunesse africaine. En proposant des directives claires, nous cherchons à démontrer comment la création de programmes à long terme peut avoir un impact positif sur les attitudes et les comportements des jeunes, favorisant ainsi leur épanouissement personnel et social.

À travers l'étude de cas de différentes initiatives médiatiques locales réussies, nous nous attachons à mettre en lumière comment ces projets ont su mobiliser et responsabiliser la jeunesse, offrant ainsi des pistes concrètes pour une production médiatique efficace et engageante. Ce chapitre se veut une réflexion approfondie sur l'importance de cibler les besoins et les aspirations des jeunes dans la création de contenus médiatiques impactants.

1. Exploration des approches créatives pour concevoir des contenus médiatiques attrayants et pertinents pour la jeunesse africaine

Pour concevoir des contenus médiatiques attrayants et pertinents pour la jeunesse africaine, il est essentiel d'adopter des approches créatives qui captent l'attention, suscitent l'intérêt et résonnent avec les préoccupations et les aspirations des jeunes. Des approches créatives à explorer ne manquent pas.

Une première approche consisterait à utiliser une narration interactive. Par exmple utiliser des formats interactifs tels que les vidéos à choix multiples, les sondages en direct, les jeux-questionnaires ou les discussions en direct sur les réseaux sociaux peut encourager l'engagement des jeunes spectateurs en les invitant à participer activement à l'histoire ou au déroulement du contenu. Et ça les influenceurs le font déjà et ils reçoivent de nombreuses critiques des médias traditionnels qui les accusent de détourner la jeunesse avec des contenus osés. Mais est-ce vraiment ce contenu osé qui retient les jeunes où alors la façon interactive de le présenter ? Il suffit de voir l'engouement sur le journal de RFI par rapport aux jounaux des chaines nationales africaines. Il est moins lourd. Des flash infos. Interactif avec le public à l'occasion. Et bien que les jeunes le critiquent, ils y sont quand-même abonné comme source d'information. C'est dire qu'il y a une demande de medias panafricains de qualité.

Une seconde approche serait de collaborer avec ces influenceurs. En effet, travailler en partenariat avec des influenceurs locaux, des créateurs de contenu numérique ou des personnalités populaires sur les réseaux sociaux peut aider à toucher un public plus large et à bénéficier de leur crédibilité et de leur pouvoir d'influence auprès des jeunes. Au lieu donc de critiquer ces célébrités accusées d'offrir du contenu explicite et souvent accusés de n'avoir aucune valeur morale ni consistance intellectuelle, il faudrait plutôt faire avec elles.

Une troisième approche consisterait à utiliser de la musique et de la danse. Oui, en intégrant des éléments musicaux, des performances de danse ou des clips vidéo dans les contenus médiatiques, cela peut rendre l'expérience plus immersive et divertissante pour les jeunes spectateurs, tout en valorisant la richesse culturelle de l'Afrique à travers ses expressions artistiques.

Une autre approche et non des moindres consisterait à l'exploration de thématiques actuelles. En effet, aborder des sujets d'actualité qui préoccupent les jeunes africains, tels que l'entrepreneuriat, l'environnement, la technologie, la santé mentale, l'égalité des genres ou l'activisme social, peut aider à créer un dialogue pertinent et significatif avec le public cible qui se sent directement impliqué dans les problématiques qui la concerne.

Une dernière approche consisterait à diversifier les points de vue. En effet il faudrait veiller à inclure une diversité de perspectives, d'expériences et de voix dans les contenus médiatiques. Ce qui permet de refléter la pluralité des réalités vécues par les jeunes en afrique et d'encourager une plus grande inclusivité dans la représentation médiatique.

En adoptant ces approches créatives et en restant à l'écoute des besoins et des intérêts spécifiques de la jeunesse africaine, les producteurs de contenus médiatiques peuvent concevoir des programmes attrayants et pertinents qui contribuent à renforcer l'identité culturelle et la fierté africaine chez les jeunes.

2. Proposition de directives pour la création de programmes à long terme visant à influencer positivement les attitudes et les comportements des jeunes

Pour créer des programmes à long terme visant à influencer positivement les attitudes et les comportements des jeunes, il est important de suivre quelques directives clés pour assurer l'efficacité et l'impact durable de ces initiatives. Il faut très certainement s'inspirer des modèles de réussite d'Afrique et d'ailleurs.

Dans un premier temps, tout comme dans n'importe quelle entreprise, il faudrait définir clairement les objectifs avant de concevoir les programmes. Il est essentiel que ces programmes repondent clairement à un besoin identifié. Il peut s'agir d'un besoin de sensibilisation à une problématique sociale au sein de la population cible ou tout simplement d'assouvir un problème primaire de divertissement. Bref ces objectifs doivent être alignés sur les besoins et les priorités identifiés au sein de la population cible. Pour aller plus loin dans cette reflexion, pourquoi ne pas envisager dans la sous-region des colloques des journalistes et hommes des medias avec les hommes politiques pour penser l'orientation à donner à la jeunesse. Ça me semble être une approche créative pour répondre de façon plus stratégique aux ODD[1].

Deuxièmement, il faudrait adopter une approche participative et impliquer les jeunes dans la conception, la mise en œuvre et l'évaluation du programme. Ceci est essentiel pour garantir sa pertinence et son adhésion. Favoriser la participation active des jeunes permet de mieux répondre à leurs besoins, leurs préoccupations et leurs aspirations.

Troisièmement, intégrer des éléments éducatifs et interactifs afin qu'ils ne soient pas trop lourd pour l'auditeur. C'est généralement le cas des éditions de journaux de la majorité des chaines de télévision africaine[2]. Alors que le public ne peut vraisemblement pas s'interesser à tous les thèmes abordés dans le journal, les éditeurs se plaisent quand-même à mettre plusieurs minutes sur un seul sujet au point où un passant pourrait croire qu'il s'agit d'un documentaire sur le sujet. Aussi, privilégier les flash infos peut rendre moins lourd ces programmes et inciter ceux qui veulent en savoir plus sur un sujet de poursuivre la lecture sur les plateformes de réseaux sociaux du média en question. Par ailleurs sur d'autres sujets très importants comme la santé, l'entrepreneuriat et le vivre ensemble, concevoir des programmes qui mettent en avant des modèles inspirants peut les rendre plus attrayant et engageant pour les jeunes. Davantage encore plus attrayant sir l'on parvient à les faire interagir. Une émission sur les problèmes de santé dans une zone enclavée ne va pas se limiter à critiquer le ciel ni à

[1] Objectif de Developpement Durable

demander de façon platonique aux téléspectateurs de donner leur point de vue. Il va de soit qu'il serait plus facile de critiquer le ciel. Une approche innovante serait de faire un appel à contribution aux téléspectateurs sur les approches de résolutions du problème à partir des moyens locaux en attendant mieux. Cette approche qui ne minimise pas l'apport future des autorités, a pour avantage de soulager au mieux les personnes affectées par cette problématique et de fixer les bases sur lesquelles pourraient s'appuyer les efforts gouvernementaux le moment venu. D'un autre côté, une émision

En suivant ces approches et en s'engageant dans une démarche collaborative et participative avec les jeunes et les parties prenantes concernées, il est possible de créer des programmes à long terme qui influencent positivement les attitudes et les comportements des jeunes de manière significative.

3. Étude de cas sur des initiatives médiatiques locales réussies qui ont contribué à mobiliser et à responsabiliser la jeunesse

Une initiative médiatique locale réussie qui a contribué à mobiliser et à responsabiliser la jeunesse : **Studio Tamani au Mali**[1]**.**

Contexte : Au Mali, un pays confronté à des défis socio-politiques et sécuritaires importants, Studio Tamani est une radio communautaire qui a été lancée en 2013 pour promouvoir le dialogue, la paix et la cohésion sociale à travers des émissions interactives et participatives.

Approche : Studio Tamani adopte une approche participative en donnant la parole aux jeunes et en les impliquant activement dans la production et la diffusion de contenus médiatiques. La radio organise des émissions spéciales animées par des jeunes reporters locaux, abordant des sujets variés tels que l'éducation, la santé, l'emploi ou la citoyenneté.

Impact : Cette initiative a eu un impact significatif en mobilisant les jeunes Maliens pour s'engager dans des débats constructifs, partager leurs points de vue et leurs expériences, et participer à des actions communautaires concrètes. Studio Tamani a contribué à renforcer le sentiment d'appartenance des jeunes à leur communauté, à promouvoir la tolérance et le respect mutuel, et à encourager la participation citoyenne.

[1] Nathanaël Charbonier. (2021, 04 juillet). Studio Tamani, la radio qui parle à tous les Maliens. Consulté sur https://www.radiofrance.fr/franceinter/studio-tamani-la-radio-qui-parle-a-tous-les-maliens-4820651

Résultats : Grâce à Studio Tamani, de nombreux jeunes ont pu être sensibilisés à des enjeux sociaux importants, ont développé leurs compétences en communication et en journalisme, et ont trouvé un espace d'expression libre et inclusif pour faire entendre leur voix. Certains jeunes reporters ont même poursuivi une carrière dans les médias ou se sont engagés dans des initiatives de développement local.

Cette étude de cas illustre comment une initiative médiatique locale comme Studio Tamani peut jouer un rôle crucial dans la mobilisation et la responsabilisation de la jeunesse en offrant des plateformes d'expression alternatives, en favorisant le dialogue intergénérationnel et en renforçant le tissu social au sein des communautés.

Chapitre 4. Le rôle des médias dans la préservation et la promotion des valeurs africaines

Dans ce chapitre, nous explorons en profondeur le rôle crucial des médias dans la préservation et la promotion des valeurs africaines auprès de la jeunesse. Nous nous engageons dans une réflexion approfondie sur le potentiel des médias en tant qu'outils puissants pour sensibiliser, éduquer et célébrer les richesses culturelles et traditionnelles du continent africain.

En mettant en lumière l'impact positif de programmes médiatiques spécifiquement axés sur la valorisation de l'héritage culturel africain, nous analysons comment ces initiatives contribuent à intégrer ces valeurs dans la vie quotidienne des jeunes. À travers des exemples concrets et des études de cas inspirantes, nous démontrons comment les médias peuvent jouer un rôle essentiel dans la transmission et la préservation des traditions, renforçant ainsi l'identité culturelle et la fierté africaine chez la jeunesse.

1. Réflexion sur le potentiel des médias pour sensibiliser, éduquer et promouvoir les valeurs culturelles et traditionnelles africaines auprès de la jeunesse

Les médias ont un potentiel immense pour sensibiliser, éduquer et promouvoir les valeurs culturelles et traditionnelles africaines auprès de la jeunesse. En effet, les médias, qu'ils soient traditionnels (tels que la radio, la télévision) ou numériques (comme les réseaux sociaux, les podcasts), peuvent jouer un rôle clé dans la transmission et la préservation du riche patrimoine culturel du continent africain.

Premièrement en matière de sensibilisation, les médias peuvent sensibiliser les jeunes aux différentes cultures, langues, traditions et modes de vie présents en Afrique. En mettant en lumière la diversité culturelle du continent à travers des reportages, des documentaires ou des émissions spéciales, les médias peuvent contribuer à élargir les horizons des jeunes et à favoriser une meilleure compréhension interculturelle.

Deuxièmement en matière d'éducation, les médias peuvent également être des outils éducatifs puissants pour transmettre des connaissances sur l'histoire, les arts, la musique, la littérature et les coutumes africaines. Les programmes éducatifs diffusés à la radio ou à la télévision, les podcasts éducatifs en ligne ou les plateformes de streaming dédiées à la culture africaine offrent aux jeunes la possibilité d'apprendre de manière ludique et interactive.

Trosième en matière de promotion des valeurs culturelles, en mettant en avant les valeurs telles que le respect des aînés, la solidarité communautaire, le respect de l'environnement ou la créativité artistique, les médias peuvent contribuer à renforcer l'identité culturelle des jeunes africains et à promouvoir un sentiment de fierté et d'appartenance à leurs racines.

En encourageant la création de contenus médiatiques diversifiés qui reflètent la richesse et la variété des cultures africaines, en donnant une voix aux artistes, aux intellectuels et aux leaders d'opinion du continent, les médias peuvent jouer un rôle essentiel dans la valorisation et la préservation du patriomoine culturel africain pour les générations futures.

Il est important que les médias continuent d'explorer ces thématiques et de donner une visibilité accrue aux initiatives qui promeuvent les valeurs culturelles et traditionnelles africaines auprès de la jeunesse pour assurer une transmission intergénérationnelle durable.

2. Étude de l'impact positif de programmes médiatiques axés sur la valorisation de l'héritage culturel africain et son intégration dans la vie quotidienne des jeunes

Un aperçu de l'impact positif de programmes médiatiques axés sur la valorisation de l'héritage culturel africain et son intégration dans la vie quotidienne des jeunes peut s'observer à travers la maison de production **Wakaliwood** en Ouganda.

Contexte : En Ouganda, Wakaliwood est un studio de production cinématographique indépendant qui s'est fait connaître pour ses films d'action à petit budget mettant en avant la culture et les traditions locales. Fondé par le réalisateur Isaac Nabwana, Wakaliwood a su conquérir un public international tout en restant ancré dans la réalité quotidienne des jeunes Ougandais.

Approche : Wakaliwood utilise le langage universel du cinéma pour raconter des histoires inspirées de la vie urbaine en Ouganda, en intégrant des éléments de la culture locale tels que la musique, la danse, les costumes traditionnels et les légendes folkloriques. Les jeunes sont souvent impliqués dans la production des films en tant qu'acteurs, techniciens ou figurants, ce qui renforce leur fierté culturelle et leur sentiment d'appartenance.

Impact : Les films de Wakaliwood ont un impact positif sur les jeunes en Ouganda en valorisant leur héritage culturel et en le rendant accessible à un large public à travers des productions cinématographiques divertissantes et originales. Ces films contribuent à renforcer l'estime de soi des jeunes en mettant en avant leur talent et leur créativité, tout en célébrant la diversité culturelle du pays.

Intégration dans la vie quotidienne : Grâce à Wakaliwood, l'héritage culturel africain devient une source d'inspiration pour les jeunes dans leur vie quotidienne. Les personnages, les dialogues et les situations présentés dans les films reflètent des réalités locales auxquelles les jeunes peuvent s'identifier, tout en véhiculant des messages positifs sur la fierté culturelle, le courage et la solidarité.

Plus proche de nous au Cameroun, nous avons le concept **Camerwood** qui est aussi un bon modèle de valorisation de la culture locale malgré le peu de moyen dont disposent ses acteurs.

Contexte : Au Cameroun, l'industrie cinématographique locale, surnommée "Camerwood", est un secteur en plein essor qui met en avant la culture et les traditions camerounaises à travers des productions cinématographiques originales et engageantes.

Approche : Les réalisateurs et producteurs de Camerwood s'efforcent de raconter des histoires qui reflètent la diversité culturelle du Cameroun, en mettant en avant des thèmes locaux, des langues régionales, des danses traditionnelles et des coutumes ancestrales. Les films produits par l'industrie cinématographique camerounaise visent à sensibiliser le public à l'importance de préserver et de célébrer l'héritage culturel du pays.

Impact : Camerwood a un impact positif sur la société camerounaise en valorisant l'identité culturelle du pays à travers des productions cinématographiques de qualité. Ces films contribuent à renforcer le sentiment d'appartenance des Camerounais à leur patrimoine culturel commun, tout en offrant une plateforme d'expression artistique aux talents locaux.

Intégration dans la vie quotidienne : En mettant en lumière les traditions, les valeurs et les défis auxquels est confrontée la société camerounaise, les films de Camerwood encouragent les jeunes à s'engager avec leur héritage culturel de manière positive et créative. Les personnages et les situations présentés dans ces films reflètent la réalité quotidienne des Camerounais, offrant ainsi une représentation authentique de la vie dans le pays.

L'on ne saurait non plus ometre de mentionner le leader dans le domaine en Afrique : **Nollywood**. Ces derniers se sont fait connaitre à travers le monde, ce qui leur vaut d'être classé deuxième mondial devant l'Inde et derrière Hollywood. Son impact va au-delà de la simple valorisation culturelle, cette industrie est aussi le second employeur au Nigéria[1].

Ces études de cas mettent en lumière le potentiel des programmes médiatiques axés sur la valorisation de l'héritage culturel africain pour inspirer, éduquer et engager positivement la jeunesse dans la préservation et la promotion de leur patrimoine culturel unique.

En encourageant les jeunes à s'approprier et à célébrer leur héritage culturel à travers des médias comme le cinéma, Wakaliwood démontre comment la valorisation de la culture africaine peut être intégrée de manière créative et dynamique dans la vie quotidienne des jeunes, favorisant ainsi un sentiment d'appartenance et de connexion avec leurs racines. De même à travers des initiatives comme Camerwood, le Cameroun démontre comment l'industrie cinématographique peut être un vecteur puissant pour promouvoir la diversité culturelle, encourager le dialogue interculturel et inspirer la jeunesse à s'approprier et à célébrer son héritage culturel. Des talents existent sans aucun doute. Il suffit d'en juger à travers l'engouement des jeunes à produire du contenu à partir des moyens de fortune. La seule chose qui doit leur manquer c'est la confiance des ainés encore septique qui est la porte pour se vendre à se vendre à l'international. Aux acteurs économiques et politiques donc qui cherchent à pénétrer le marché africain de collaborer avec ces jeunes talents.

---

[1] Rebecca Moudio. (2013, Mai). Le cinéma nigérian : une mine d'or potentielle ? Consulté sur https://www.un.org/africarenewal/fr/magazine/mai-2013/le-cinema-nigerian-une-mine-d'or-potentielle

Conclusion générale. Vers une Résilience Nationale au Cœur des Communautés

L'objectif de cet ouvrage était d'explorer les défis et les opportunités liés à la résilience nationale, en mettant l'accent sur le rôle central des communautés et des jeunes. Nous avons vu que, face à des contextes économiques et sociaux parfois précaires, l'avenir de nos sociétés repose sur une approche participative, innovante et profondément ancrée dans les dynamiques locales.

La décentralisation, loin d'être une simple réforme administrative, offre une chance unique de réinventer notre modèle de développement. En engageant les jeunes, en valorisant leur créativité, et en renforçant leur employabilité à travers des initiatives comme les plantations communales, nous posons les bases d'un futur prospère et durable. Ces projets, combinant emploi, autonomie et cohésion sociale, illustrent comment de simples idées locales peuvent avoir des impacts globaux.

Cependant, la route vers une résilience nationale ne peut être empruntée sans une vision claire et une mobilisation collective. Les décideurs locaux doivent assumer un leadership éclairé en adoptant des approches intégrées qui mêlent éducation, santé, innovation et divertissement encadré. La jeunesse doit, de son côté, être considérée comme un véritable partenaire, pas seulement comme une cible des politiques publiques. Cela implique un changement de mentalité, où chaque individu devient acteur de son propre avenir et celui de sa communauté.

Le rôle des médias et des institutions locales, souvent sous-estimé, est également crucial. Ils peuvent servir de catalyseurs pour promouvoir des modèles de comportement positif, valoriser les réussites locales et encourager un dialogue constructif. Dans un monde de plus en plus globalisé, préserver nos valeurs tout en innovant est une condition indispensable pour assurer la pérennité de nos acquis culturels et sociaux.

En conclusion, la résilience nationale, loin d'être un idéal abstrait, repose sur des actions concrètes, menées au sein de nos communautés. Elle exige une approche équilibrée entre la tradition et l'innovation, entre le local et le global. C'est en cultivant cette résilience, en investissant dans nos forces vives et en créant des écosystèmes durables que nous pourrons non seulement surmonter les défis actuels, mais aussi offrir aux générations futures une société juste, prospère et unie.

Annexe. Vers une prospérité partagée : Rééquilibrer les revenus miniers pour un developpement durable et inclusif au Cameroun

C'est l'histoire de deux agriculteurs. Le premier cultive uniquement un seul type de culture dans son champ, le maïs. Le second cultive le maïs, le riz et les légumes. Malheureusement, une année, une maladie spécifique affecte les plants de maïs et entraîne des pertes importantes pour le premier agriculteur. En revanche, le second qui a diversifié sa production ne subit pas autant de pertes car il peut compter sur ses autres cultures pour maintenir ses revenus.

Cette analogie illustre comment la diversification des activités économiques peut contribuer à atténuer les risques et à assurer une certaine stabilité financière, tout comme la politique de diversification économique vise à réduire la dépendance excessive à un seul secteur économique et à promouvoir un développement équilibré et résilient. Cette analogie simple et accessible illustre la politique de diversification économique du président Paul Biya.

Paul Biya souligne l'importance pour le Cameroun de ne pas dépendre excessivement du pétrole et de diversifier son économie pour éviter les pièges rencontrés par d'autres nations productrices confrontées à l'épuisement des ressources ou à la volatilité des prix mondiaux. Le cas du Venezuela[1] notamment.

La nécessité de diversifier l'économie pour éviter la dépendance excessive au pétrole montre une volonté de construire une économie plus résiliente et durable, en anticipant les défis futurs liés aux ressources naturelles.

Cependant cette analogie présente des limites. En effet un point important et complexe que cette analogie soulève concerne la répartition des revenus et des avantages entre les différents secteurs économiques au Cameroun. Il est vrai que dans certaines industries plus lucratives comme les hydrocarbures, les salaires peuvent être plus élevés en raison des revenus importants générés par ces secteurs. En revanche, d'autres secteurs moins porteurs peuvent offrir des salaires moins attractifs en comparaison. Et pire une précarité des personnels

---

[1] Teran Mantovani, E. (2018). Une géographie des conflits écologiques au Venezuela : pétro-état, crise historique et nouvelles frontières des matières premières de haute valeur. « Les Temps Modernes », 2018(1), pp. 177-196. Traduit de l'espagnol par J. Simont

qui y officient. C'est le cas du secteur éducatif, du secteur agricole et dans une moindre mesure celui du secteur de la santé.

Cette disparité de revenus entre les secteurs peut créer des inégalités et des tensions au sein de la population active. Nous l'avons vu avec le mouvement OTS[1]. Il est crucial pour le gouvernement de trouver un juste équilibre en termes de rémunération et d'avantages sociaux pour garantir une certaine équité et stabilité économique.

Dans le cas de l'analogie de l'agriculteur, imaginons que le second exploitatant agricole se trouve dans une zone géographique où le maïs ne se vend pas du tout. Il est juste un substitut utile pour faire des engrais pour le riz et les légumes. Pourtant l'agriculteur a dans chacune de ces catégories de culture, des employés spécialisés. Chacun peut explorer intérieurement les mécanismes de solidarité et de partage des richesses au sein de cette exploitation agricole pour garantir une répartition plus équitable des revenus et des bénéfices. Quand bien-même l'on est conscient que l'une des cultures ne se vend pas mais est tout de même utile aux deux autres. Pour faire simple, les employés du secteur du maïs ne recevront donc pas de remunération cette saison en raison des maladies qui ont affecté leur production ? Ou encore parce que le maïs ne se vend pas et n'offre donc pas de revenus directs ? Non, il est certain que l'agriculteur trouvera un juste équilibre pour faire bénéficier des retombés globaux de son exploitation agricole à tous les employés.

Concernant la réalité au Cameroun, il est essentiel que les politiques économiques visent à promouvoir la diversification économique tout en veillant à ce que les avantages de cette diversification soient partagés de manière équitable par l'ensemble de la population. Cela peut passer par des mesures telles que la formation professionnelle, la création d'emplois dans divers secteurs, ou encore la mise en place de filets de sécurité sociale pour soutenir ceux qui se trouvent dans des secteurs moins porteurs. En effet, il est paradoxal que ceux qui jouissent des meilleurs salaires, des meilleures conditions de travail et des avantages en nature soient également ceux qui bénéficient d'une excellente assurance santé, que leurs seuls revenus leur permettraient déjà d'obtenir.

---

[1] Mouvement de revendications sociales initié par les enseignants du secondaire au Cameroun. OTS pour « On a Trop Supporté » ou « On a Trop Souffert ». Particulier du fait qu'il n'avait pas de leader suceptible de céder à la pression ou à la corruption, ce mouvement a connu un franc succès au point d'être dupliquer dans d'autres corps avec la naissance de OTS Santé par exemple.

Mieux encore, investir une partie des revenus générés par les secteurs plus rentables dans le développement et l'industrialisation d'autres secteurs de l'économie, comme l'agriculture, peut avoir des effets positifs significatifs sur l'ensemble de l'économie d'un pays.

L'industrialisation de l'agriculture peut permettre d'augmenter la productivité, d'améliorer la qualité des produits, de réduire les pertes post-récolte, de créer des emplois dans les zones rurales, et de stimuler la croissance économique globale. En investissant dans des technologies agricoles modernes, des infrastructures adaptées, la formation des agriculteurs, ou encore la recherche et l'innovation dans le domaine agricole, on peut transformer le secteur agricole en un moteur de développement durable. Et ceci n'a nul besoin d'attendre de grandes réformes. Un financement graduellement offert à chaque cuvée des promotions des écoles d'agricultures serait déjà un grand pas.

En adoptant une approche holistique et intégrée du développement économique, qui vise à renforcer et diversifier l'ensemble des secteurs productifs du pays, on peut créer un écosystème économique plus résilient et équilibré. Cela contribue à réduire la dépendance excessive à un seul secteur et à favoriser une croissance économique plus inclusive et durable.

Cette proposition adressée au gouvernement met en lumière l'importance de la solidarité intersectorielle et de l'investissement stratégique pour stimuler le développement global de l'économie camerounaise. C'est une approche prometteuse pour promouvoir une croissance économique plus équilibrée et bénéfique pour l'ensemble de la population.

Références

Danone Communities. (s.d.). Récupéré sur https://www.danonecommunities.com/fr/qui-nous-sommes/notre-mission

Groupe SOS. (s.d.). Récupéré sur https://www.groupe-sos.org/le-groupe-sos/presentation

MicroEnsure. (s.d.). *https://www.innovationsinhealthcare.org/profile/microensure* . Récupéré sur https://www.innovationsinhealthcare.org/profile/microensure

The Guardian. (2011, octobre 05). *Unilever Sustainable Living Plan*. Récupéré sur https://www.theguardian.com/sustainable-business/unilever-sustainable-living-plan

A, D. (2010). Pourquoi les enfants africains quittent-ils l'école ? Un modèle hiérarchique multimonial des abandons dans l'éducation primaire au Sénégal. *L'actualité économique, 86*(3), pp. 319-354. doi:https://doi.org/10.7202/1003526

AFP, T. a. (2022, janvier 21). *MMA : Francis Ngannou, de la rue au toit du monde*. Récupéré sur TV5MONDE: https://www.tv5monde.comactualites/mma-francis-ngannou-de-la-rue-au-toit-du-monde

Agence Ecofin. (2016, mai 06). *Kenya : Nation Tv lance une émission de téléréalité sur le financement des entrepreneurs*. Récupéré sur https://www.agenceecofin.com/audiovisuel/0605-37894-kenya-nation-tv-lance-une-emission-de-telerealite-sur-le-financement-des-entrepreneurs

Agence Ecofin. (2022, mai 11). *Agence Ecofin. De SDF à entrepreneur : le parcours du Camerounais Bertin Tchoffo, devenu chef d'entreprise en Europe*. Récupéré sur https://www.agenceecofin.com/entreprendre/1105-97476-de-sdf-a-entrepreneur-le-parcours-du-camerounais-bertin-tchoffo-devenu-chef-d-entreprise-en-europe

Amougou, M. P. (2020). Analyse de la précarité dans les institutions publiques d'éducation non formelle et d'alphabétisation au Cameroun : Cas du centre multifonctionnel de promotion des jeunes de Yaoundé 4. *Revue AKOFENA, 2*(1), pp. 139-150.

Andzongo, S. (2020, octobre 12). *Collecte numérique des droits de douane sur les téléphones : Libom Li Likeng acculée sur Twitter*. Récupéré sur Investir au Cameroun: https://www.investiraucameroun.com/index.php/gestion-publique/1210-15363-collecte-numerique-des-droits-de-douane-sur-les-telephones-libom-li-likeng-acculee-sur-twitter

Barday, J. (2023, juillet 01). *Rebecca Enonchong : passionnée de technologie et multi-entrepreneure au Cameroun*. Récupéré sur https://www.classe-export/com/index.php/pays/afrique/74204-rebecca-enonchong-passionnee-de-technologie-et-multi-entrepreneure-au-cameroun

Biya, P. (2018). *Pour le libéralisme Communautaire.* Edition Favre.

BLEGNE, S. (2016, octobre 22). *Cameroun, quand les Associations de Parents d'Elèves prennent le relai de l'Etat*. Récupéré sur Mediaterre: https://www.mediaterre.org/education/exportactu,20161022185345,6.html

C.M.C., L. E. (2024). Collusion frauduleuse dans les collectivités territoriales décentralisés. *Revue Internationale du chercheur, 5*(2), pp. 1283-1303.

Cameroon CEO. (2018, août 03). Récupéré sur http://www.cameroonceo.com/2018/08/03/nourane-foster-cofounder-ceo-nourishka-la-nouvelle-icone-feminine-des-affaires-au-cameroun

Camille, M. à. (2009). *L'emploi en Afrique au Sud du Sahara : Que faire ?* Yaoundé: IFRIKIYA.

CFSI. (s.d.). *Promotion de l'agriculture familiale en Afrique de l'Ouest*. Récupéré sur cfsi.asso.fr: https://www.cfsi.asso.fr/projet/au-togo-du-chocolat-equitable-pour-toutes-et-tous

Charbonier, N. (2021, juillet 04). *Studio Tamani, la radio qui parle à tous les Maliens*. Récupéré sur https://www.radiofrance.fr/franceinter/studio-tamani-la-radio-qui-parle-a-tous-les-maliens-4820651

Clémençot, J. (2022, juin 01). *Jeune Afrique. Rebecca Enonchong : dix choses à savoir sur l'électron libre de la tech africaine*. Récupéré sur https://www.jeuneafrique.com/1350803/economie-entreprises/cameroun-dix-choses-a-savoir-sur-rebecca-enonchong-lelectron-libre-de-la-tech-africaine

Dejo, G. &. (2017). Économie numérique au Cameroun: challenges et perspectives. *Foretia Foundation*. Récupéré sur https://foretiafoundation.org

DEKONINK. (2019, décembre 19). *E-commerce : le difficile apprentissage de l'Africain Jumia à Wall Street*. Récupéré sur https://www.lesechos.fr/industrie-services/conso-distribution/e-commerce-le-difficile-apprentissage-de-lafricain-jumia-a-wall-street-1157789

Des protecteurs de l'eau, pas des terroristes ! . (2024). Récupéré sur Support Jessica Reznicek: https://supportjessicareznicek.com

E., T. M. (2018). Une géographie des conflits écologiques au Venezuela : pétro-état, crise historique et nouvelles frontières des matières premières de haute valeur. *Les Temps Modernes*, pp. 177-196.

EcoMatin. (2019, septembre 16). *Poesam 2019 : Orange Cameroun prime 4 start-up*. Récupéré sur https://ecomatin.net/poesam-2019-orange-cameroun-prime-4-start-up

Élongué, C. (2018, novembre 25). *Coaching et mentorat dans la société civile en Afrique*. Récupéré sur Cursus: https://www.cursus.edu/fr/12155/coaching-et-mentorat-dans-la-societe-civile-en-afrique

Enock, G. (2023, juin 29). *Francis Ngannou se dit « honoré d'avoir construit le premier gymnase entièrement équipé au Cameroun*. Récupéré sur Actu Cameroun: https://www.actucameroun.com/2023/06/29/francis-ngannou-se-dit-honore-de-construire-le-premier-gymnase-entierement-equipe-au-cameoun/

FNE. (s.d.). *Le FNE & les Chercheurs d'Emploi*. Récupéré sur https://fnecm.org/index.php/fr/mesures-d-appui-100210/projets

FONIJ. (2023, décmbre 12). *Fonds National d'Insertion des Jeunes (FONIJ)*. Récupéré sur https://fonij.cm

Fonkenmun, G. B. (s.d.). *Bienvenue chez Hope Foundation*. Récupéré sur https://www.hope-found.org/fr

Foute, F. (2020, juillet 15). *Cabral Libii, le jeune loup qui se rêvait en « Macron camerounais »*. Récupéré sur Jeune Afrique: https://www.jeuneafrique.com/mag/1006139/politique/cabral-libii-cameroun-macron-cameroun

Grammeen Shakti. (s.d.). *About Grameen Shakti*. Récupéré sur https://www.gshakti.org/about-us/history

INFOMIGRANTS. (2018, novembre 02). *Francis Ngannou, un migrant camerounais devenu star de boxe*. Récupéré sur https://www.infomigrants.net/fr/webdoc/150/francis-ngannou-un-migrant-camerounais-devenu-star-de-boxe

Issa, D. (2021). Budget participatif et mobilisation des ressources financières locales au Cameroun : une analyse à partir de la commune de Yaoundé 6 et de la commune de Tchatibali. *Revue internationale de droit et de science-politique, 1*(1), pp. 339-357.

Récupéré sur https://nbn-resolving.org/urn:nbn:de:0168-ssoar-94364-2

Jean-Michel, B. (1988, décembre). Demandeurs d'asile et réfugiés. *Hommes et Migrations*(1117), pp. 1-11.

Kamdem, E. (2021). Entrepreneuriat et sciences sociales en Afrique. *Management international/International Management/Gestion Internacional, 6*(1).

KUATE, L. G. (2022, mai 12). *Afrik Jeune. De SDF à entrepreneur : le parcours du Camerounais Bertin Tchoffo, devenu chef d'entreprise en Europe.* Récupéré sur https://www.afrik-jeunes.net/de-sdf-a-entrepreneur-le-parcours-du-camerounais-bertin-tchoffo-devenu-chef-dentreprise-en-europe/

Laye, C. (1953). *L'enfant noir.* Plon.

Lefebvre, A.-A. (2019, novembre 21). *Ce qu'il faut savoir sur les programmes buy one give one*. Récupéré sur hinnovic: https://www.hinnovic.org/post/ce-qu-il-faut-savoir-sur-les-programmes-buy-one-give-one

Meli, V. M. (2024, juillet 05). Engagement social des jeunes au Cameroun : une mobilisation sociale contre toute attente. *SociologieS*. doi:https://doi.org/10.4000/sociologies.8009

Mewouth Thang, A. G. (2021, avril). L'entrepreneuriat coopératif, levier du développement territorial dans les régions septentrionales du Cameroun. *RECMA*, pp. 81-97.

mondiale, Banque. (2023, mai 10). *Chef Madzou Moukassa, le goût de la réussite*. Récupéré sur Banque Mondiale: https://www.banquemondiale.org/fr/news/feature/2023/05/10/chef-madzou-moukassa-a-taste-for-success

Mondiale, Banque. (2023, décembre 19). *Nzingoula Delaunay à l'école des poules pondeuses*. Récupéré sur Banque mondiale:

https://www.banquemondiale.org/fr/news/feature/2023/12/19/an-education-in-poultry-farming-for-nzingoula-delaunay

Moudio, R. (2013, Mai). *Afrique Renouveau*. Récupéré sur UN.org: https://www.un.org/africarenewal/fr/magazine/mai-2013/le-cinema-nigerian-une-mine-d'or-potentielle

Moudio, R. (2023, mai). *Le cinéma nigérian : une mine d'or potentielle ?* Récupéré sur UN.org: https://www.un.org/africarenewal/fr/magazine/mai-2013/le-cinema-nigerian-une-mine-d'or-potentielle

NDOUYOU, J. (2023, septembre 07). *Accompagnement des projets innovants : où en est le Fonds « Proto » ?* Récupéré sur Cameroun Tribune: https://www.cameroun-tribune.cm/article.html/60061/fr.html/accompagnement-projets-innovants-ou-en-le

Ngouem, P. N. (2024, février 28). *Le Cameroun lance la construction d'un incubateur de start-ups de 450 millions de FCFA, grâce à la BDEAC.* Récupéré sur https://www.investiraucameroun.com/gestion-publique/2802-20383-le-cameroun-lance-la-construction-d-un-incubateur-de-start-ups-de-450-millions-de-fcfa-grace-a-la-bdeac

Nguimfack, L. &. (s.d.). Prise en charge des adolescents vivant dans la rue par les professionnels du travail social au Cameroun : Le point de vue subjectif des jeunes. Département de psychologie, Université de Yaoundé, Cameroun.

Njutapwoui, A. S. (2022, juin). plateforme numérique et participation politique dans une démocratie inaboutie : le cas des partis politiques de l'opposition au Cameroun. *Réseaux*(236), pp. 179-210. Récupéré sur Cairn: https://www/cairn.info/revue-reseaux-2022-6-page-179.htm

NTCHAPDA, P. A. (2021, juillet 23). *Cameroun – Gouvernance : Des responsables d'Associations des Parents d'Elèves (APE) formés à une meilleure gestion des ressources financières*. Récupéré sur

Cameroon info: http://www.cameroon-info.net/article/cameroun-gouvernance-des-responsables-dassociations-des-parents-deleves-ape-formes-a-une-meilleure-gestion-403206.html

NYOBE, B. (2021). Les modes de financement dans les communes camerounaises : une analyse théorique du système comptable et financier à travers l'approche des conventions. *Revue internationale des Sciences de Gestion, 4*(1), pp. 481-505.

OBE, P. V. (2020, février 07). *Soutien et mentorat éléments essentiels d'un développement perenne des PME*. Récupéré sur proparco: https://www.proparco.fr/fr/article/soutien-et-mentorat-elements-essentiels-dun-developpement-perenne-des-pme

Pokam, H. D. (2006). Le financement de l'enseignement supérieur au Cameroun. *Cahiers de recherche sur l'éducation et les savoirs*, pp. 105-137.

Poulet, M. (2018, août 10). *Cameroun : des femmes "séquestrées" à l'hôpital pendant un mois après leur accouchement faute de pouvoir payer leur hospitalisation*. Récupéré sur France24: https://observers.france24.com/fr/20180807-cameroun-yaounde-femmes-sequestrees-hopital-payer-accouchement

Renouard, C. (2012, juin 26). *Success story et entrepreneuriat social : Grameen Danone au Bangladesh*. Récupéré sur Knowledge: https://www.knowledge.essec.edu/fr/sustainability/grameen-danone-au-bangladesh

Saint-Exupery, A. d. (1939). *Terre des hommes.* Éditions Gallimard.

Second, L. (s.d.). *LA Bible du Semeur.* (L. Segond, Trad.)

Tessitore, M. (2019). Bridge International Academies : Une analyse critique de la privatisation de l'éducation publique en Afrique. *Revue de l'éducation, de la pédagogie et des études culturelles, 41*(3), pp. 193-209.

TV5MONDE. (2022, janvier 21). *MMA : Francis Ngannou, de la rue au toit du monde*. Récupéré sur TV5MONDE: https://www.tv5monde.com/actualités/mma-francis-ngannou-de-la-rue-au-toit-du-monde

Wangari Muta Maathai. (2024, juillet 02). Récupéré sur https://fr.m.wikipedia.org/wiki/Wangari_Muta_Maathai

Wexler, A. (2023, septembre 15). *Pour s'imposer en Afrique, Walmart ne lésine pas sur les moyens*. Récupéré sur https://www.lopinion.fr/economie/pour-simposer-en-afrique-walmart-ne-lesine-pas-sur-les-moyens

Wikipedia. (2022, septembre 21). *Grameen Danone Foods*. Récupéré sur https://www.fr.m.wikipedia.org/wiki/grameen-danone-foods

Wikipedia. (2023, avril 01). *Barefoot College*. Récupéré sur https://www.fr.m.wikipedia.org/wiki/barefoot_college

Wikipedia. (2024, avril 20). *Food for Hungry*. Récupéré sur https://www.en.m.wikipedia.org/wiki/food_for_the_hungry

Wikipedia. (2024, janvier 27). *Affaire Alvine Monique Koumaté*. Récupéré sur https://fr.m.wikipedia.org/wiki/Affaire_Alvine_Monique_Koumat%C3%A9

Wikipedia. (2024, juillet 16). *Commerce transsaharien*. Récupéré sur https://fr.m.wikipedia.org/wiki/Commerce_transsaharien

Yebga, S. C. (2007, avril 12). La prise en charge de la santé par les associations du quartier Biyem Assi (Yaoundé). *Bulletin de l'APAD*. doi:http://doi.org/10.4000/apad.97

Table des matières

Structures éditoriales du groupe L'Harmattan

L'Harmattan Italie
Via degli Artisti, 15
10124 Torino
harmattan.italia@gmail.com

L'Harmattan Hongrie
Kossuth l. u. 14-16.
1053 Budapest
harmattan@harmattan.hu

L'Harmattan Sénégal
10 VDN SICAP AMITIE 3
BP 45034 Dakar-Fann
direction@senharmattan.com

L'Harmattan Cameroun
Tsinga/Derrière polyclinique FECAFOOT
BP 11486 Yaoundé
Jacques.koukam@harmattan.fr

L'Harmattan Burkina Faso
Villa 281, secteur 23 623, rue 14.32
Ouagadougou
zagbie@outlook.fr

L'Harmattan Guinée
Almamya, rue KA 028 OKB Agency
BP 3470 Conakry
harmattanguinee@yahoo.fr

L'Harmattan RDC
185, avenue Nyangwe
Commune de Lingwala – Kinshasa
matangilamusadila@yahoo.fr

L'Harmattan Congo
219, avenue Nelson Mandela
BP 2874 Brazzaville
deunovmikhael@gmail.com

L'Harmattan Mali
Immeuble Mgr Jean Marie Cissé
Aci Hamadallaye
BP 145 Bamako
syllaka@yahoo.fr

L'Harmattan Togo
Djidjole – Maison Amela
face EPP BATOME
02 BP 20680 Lomé
didieramela11@gmail.com

L'Harmattan Côte d'Ivoire
Résidence Karl – Cité des Arts
Abidjan-Cocody
03 BP 1588 Abidjan
harmattan.ivoire@gmail.com

L'Harmattan Bénin
Rue 604, (Immeuble à l'entrée
de la rue UCAO- Cite de Saint-Jean)
Cotonou
stepcorpus@gmail.com

Nos librairies en France

Librairie internationale
16, rue des Écoles
75005 Paris
librairie.internationale@harmattan.fr
01 40 46 79 11
www.librairieharmattan.com

Librairie des savoirs
21, rue des Écoles
75005 Paris
librairie.sh@harmattan.fr
01 46 34 13 71
www.librairieharmattansh.com

www.ingramcontent.com/pod-product-compliance
Lightning Source LLC
LaVergne TN
LVHW010929061026
849535LV00007B/2308
9782336509563